좋은 목사가 되기 위해 AI를 배웁니다

좋은 목사가 되기 위해 AI를 배웁니다

지은이 | 이석진
초판 발행 | 2026. 4. 15.
등록번호 | 제1988-000080호
등록된 곳 | 서울특별시 용산구 서빙고로65길 38 두란노빌딩
발행처 | 사단법인 두란노서원
영업부 | 02)2078-3333   FAX | 080-749-3705
출판부 | 02)2078-3331

책값은 뒤표지에 있습니다.
ISBN 978-89-531-5295-3 03230

독자의 의견을 기다립니다.
tpress@duranno.com www.duranno.com

두란노서원은 바울 사도가 3차 전도여행 때 에베소에서 성령 받은 제자들을 따로 세워 하나님의 말씀으로 양육하던 장소입니다. 사도행전 19장 8-20절의 정신에 따라 첫째 목회자를 돕는 사역과 평신도를 훈련시키는 사역, 둘째 세계선교(TIM)와 문서선교(단행본·잡지) 사역, 셋째 예수문화 및 경배와 찬양 사역, 그리고 가정·상담 사역 등을 감당하고 있습니다. 1980년 12월 22일에 창립된 두란노서원은 주님 오실 때까지 이 사역들을 계속할 것입니다.

좋은 목사가 되기 위해 AI를 배웁니다

이석진

두란노

이 책을 덮으며 가장 먼저 떠오른 단어는 '고마움'이었습니다. 저자는 목회자가 아닙니다. 그러나 누구보다 목회의 무게를 존중합니다. 강단의 떨림을 가볍게 여기지 않으며, 설교자의 씨름을 단순한 콘텐츠 제작으로 오해하지 않습니다. 오히려 그 거룩한 부담을 조금이라도 덜어 주고자, 자신이 가진 전문성과 시간을 기꺼이 내어놓고 있습니다. 그 마음이 참 고맙습니다.

무엇보다 이 책이 지닌 가장 큰 미덕은 선을 넘지 않는 튼튼한 '신학적 안전장치'를 갖추고 있다는 점입니다. 시중의 많은 기술 서적들이 AI로 설교문이나 기도문을 손쉽게 지어내는 얄팍한 요령을 부추길 때, 저자는 단호하게 그 길을 거부합니다. 말씀이 선포되는 강단과 영혼을 품는 기도의 자리는 철저히 목회자의 피 묻은 묵상과 영적고뇌의 영역으로 남겨 두고, AI는 오직 그 거룩한 사역을 돕는 보조 도구로만 위치시킵니다. 기술의 화려함에 취해 목양의 본질을 잃어버릴까 염려하는 동역자들에게, 이 책은 가장 안전하고 지혜로운 나침반이 되어 줄 것입니다.

우리는 지금 한 번도 가 보지 않은 길 위에 서 있습니다. AI라는 새로운 도구는 기대와 우려를 동시에 안겨 줍니다. 누군가는 두려워하고, 누군가는 성급히 환호합니다. 그러나 저자는 그 사이에서 조심스럽게, 그러나 담대하게 묻습니다. "이 도구를 통해 우리는 어떻게 하나님 나라에 더 충실할 수 있을까?"《좋은 목사가 되기 위해 AI를 배웁니다》는 그 질문에 대한 신중하고도 진지한 응답입니다. 저자는 분명히 말합니다. AI는 도구일 뿐 권위가 아니라고. 설교의 불은 사람이 붙이는 것이 아니라 성령이 붙이신다고. 행정을 줄이는 이유는 편해지기 위함이 아니라, 다시 기도의 자리로 돌아가기 위함이라고. 이 고백이 이 책을 안전하게 붙들고 있습니다.

성경의 이야기는 언제나 하나님이 인간의 문화를 포기하지 않으신 이야기입니다. 타락 이후에도 하나님은 인간의 손과 지혜를 통해 일하셨습니다. 문화와 기술은 타락으로 왜곡되었지만, 하나님은 그것을 완전히 폐기하지 않으시고 구속의 도구로 사용하십니다. 그렇기에 우리는 기술을 두려움으로 밀어내기보다, 분별과 청지기적 책임 안에서 다루어야 합니다. 이 책은 바로 그 자세를 잃지 않습니다. 무엇보다 저는 이 책에서 교회를 향한 애정을 보았습니다. 교회의 관리 집사님이셨던 할아버지의 빗자루를 기억하며, 이제는 디지털의 도구로 교회를 섬기겠다는 저자의 고백은 시대적 유행이 아니라 신앙적 계승처럼 느껴졌습니다.

우리는 아직 이 길의 끝을 알지 못합니다. AI가 목회의 풍경을 어떻게 바꾸게 될지, 어떤 유익과 어떤 위험이 기다리고 있을지 아무도 장담할 수 없습니다. 그러나 분명한 것은, 우리가 혼자가 아니라는 사실입니다. 하나님은 여전히 자신의 교회를 사랑하시고, 필요한 지혜를 시대마다 공급하십니다. 이 책은 그 공급의 한 작은 통로가 되기를 소망하며 쓰였을 것입니다.

저자에게 말하고 싶습니다. 이 길은 혼자 걷는 길이 아닙니다. 우리 모두가 함께 분별하며, 함께 배우며, 함께 책임져야 할 길입니다. 기술의 속도가 아무리 빨라도, 우리의 무릎은 여전히 하나님 앞에 꿇려 있기를. 도구는 달라져도, 복음의 본질은 흔들리지 않기를. 그 소망을 품고, 이 진지한 첫걸음을 기쁜 마음으로 응원합니다. 기술의 속도가 점점 빨라지는 시대 속에서, 영원의 깊이를 지키고자 하는 모든 목회자에게 이 책을 기쁜 마음으로 추천합니다.

공규석 백석대학교 기독교학부 교수

AI 연구원으로 사역하는 저자의 글을 읽다 보면 저도 모르게 그 글 속으로 빨려 들어가는 느낌을 받았습니다. 평신도로서 어쩌면 저렇게 목회자의 심정을 잘 아는지에 대하여 감탄도 했습니다.

하나님의 계시를 받아 미래에 될 예언의 말씀을 전한 다니엘은 "다니엘아 마지막 때까지 이 말을 간수하고 이 글을 봉함하라 많은 사람이 빨리 왕래하며 지식이 더하리라"(단 12:4)라는 명령을 들었습니다. 지금은 모든 것이 빠르게 변하는 세상이며 지식에 지식을 더하는 세상으로, 마치 다니엘서의 말씀은 AI의 등장을 알려 주고 있는 것 같습니다.

저자가 다니엘에 대하여 "기술은 바벨론의 것을 썼으나, 그의 무릎은 하나님을 향해 꿇었다"는 글은 AI에 대한 좋은 비유입니다. 새롭게 변화되는 학문을 배우고 그 지식을 영성으로 변화시키기 위해 더 하나님께 무릎 꿇는 시간을 가져야 합니다. 사람에게 무릎을 꿇으면 계속 꿇어야 하지만 하나님께 무릎을 꿇으면 사람의 영혼을 살릴 수 있습니다. 또 "성경의 시작은 동산이지만 성경의 끝은 성(city), 즉 예루살렘"이라고 말하면서 에덴동산은 자연 그대로의 상태이지만 성은 문명과 기술과 건축의 집약이라는 통찰은 우리가 AI를 접해야 할 이유를 잘 설명해 줍니다.

본질은 변함이 없지만 그 본질을 설명하는 일에는 비본질적인 많은 요소들이 들어가야 합니다. 성경을 통하여 하나님의 말씀을 전하는 본질은 변함이 없지만 말씀을 전달하기 위해 준비하는 일에 있어서는 다양한 도움을 받아야 한다는 저자의 주장은 백번 옳은 말입니다. AI를 잘 활용한다면 부교역자와 비서가 되어 줄 것입니다.

좋은 책을 써 주신 저자에게 다시 한 번 깊은 감사의 말씀을 드리면서 많은 목회자들이 《좋은 목사가 되기 위해 AI를 배웁니다》를 목회에 참고하기 바랍니다.

이규환 부천목양교회 담임목사, 전 백석총회 총회장

목회 사역 중에 가장 어려움에 처하게 하는 것도 말씀 사역이고, 풍성하게 하는 것도 말씀 사역입니다. 말씀이 선포되는 강단은 단순한 연단이 아니라, 살아 계신 하나님의 음성이 울려 퍼지는 거룩한 현장입니다. 그렇기에 그 자리에 서는 자의 준비는 아무리 철저해도 지나침이 없습니다.

하지만 오늘날 목회 현장의 현실은 녹록지 않습니다. 말씀을 연

구하고 기도하는 것이 본연의 사명임을 알면서도, 수많은 행정과 잡무가 목회자의 시간을 잠식합니다. "우리는 오로지 기도하는 일과 말씀 사역에 힘쓰리라"(행 6:4)는 사도들의 고백이 오늘 이 시대의 목회자에게는 사치처럼 느껴지는 현실. 이것은 개인의 문제가 아니라 구조의 문제입니다.

바로 이 지점에서 《좋은 목사가 되기 위해 AI를 배웁니다》는 조용하지만 분명한 음성으로 말을 건넵니다. 저자 이석진 대표는 목회자가 아닙니다. 그러나 그는 목회의 무게를 존중하고, 강단의 거룩함을 가볍게 여기지 않습니다. 그는 '갈대아의 학문'을 탁월하게 익히되 예루살렘을 향해 무릎을 꿇었던 다니엘처럼, 문명의 이기인 AI(인공지능, Artificial Intelligence)라는 현대의 도구를 철저히 사역의 수단으로 한정하고, 그 주권은 여전히 기름 부음 받은 목회자와 성령께 있음을 책 전체에 걸쳐 일관되게 선언합니다. 이 책은 기술 예찬서가 아닙니다. 반복적 행정과 정보 탐색을 AI에 위임함으로써, 목회자가 다시 골방으로 돌아가고 성도의 눈을 바라볼 수 있는 현실적인 길을 제시하는 '사역 회복의 안내서'입니다. AI가 설교의 불을 붙일 수는 없습니다. 그 불은 오직 성령이 붙이십니다. 그러나 그 불을 붙이기 위해 목회자가 충분히 묵상하고 무릎 꿇을 시간을 확보하는 일, 바로 이것을 이 책은 돕고자 합니다.

오드왈드 스미스(Oswald Smith)는 말했습니다. "당신이 직접 복음을 가지고 갈 수 없다면, 당신은 복음을 다른 사람을 통해서 보낼 수 있다." 저자는 강단에 서지 않습니다. 그러나 그는 자신이 가진 IT와

AI 전문성을 통해, 강단에 서는 자들의 짐을 나누어 지고자 이 책을 내어놓았습니다. 저자의 할아버지가 빗자루로 교회 마당을 쓸어 성도들이 오는 길을 예비하셨듯이, 저자는 AI로 목회자의 설교를 더욱 풍성하게 하고자 합니다. 이것이 이 책을 쓴 동기이며, 그 고백이 참으로 아름답습니다.

기술의 속도가 아무리 빨라져도, 우리의 무릎은 여전히 하나님 앞에 꿇려 있어야 합니다. 도구는 달라져도, 복음의 본질은 흔들리지 않습니다. 이 확신 위에 서 있는 이 책을, 말씀과 기도의 자리를 회복하기 원하는 모든 목회자에게 기쁜 마음으로 추천합니다. 여러분의 귀한 사역 위에 하나님의 기름 부으심이 넘치기를, 그리고 이 책이 그 사역에 작은 물매 돌 하나가 되기를 진심으로 소망합니다. 사랑하고 축복합니다.

이기용 신길교회 담임목사

작성해 주는 '편리한 도구 안내서'가 아닙니다. 오히려 목회자가 자신의 소명과 사역의 본질을 더 깊이 붙들도록 돕는 동역자의 안내서에 가깝습니다. 디지털 시대를 살아가는 목회자들에게 이 책은 새로운 기술을 소개하는 동시에, 목회의 본질을 다시 성찰하게 하는 귀한 길잡이가 될 것입니다.

변화하는 시대 속에서도 복음의 본질은 변하지 않습니다. 그러나 그 복음을 담는 그릇은 시대에 맞게 새로워져야 합니다. 《좋은 목사가 되기 위해 AI를 배웁니다》는 바로 그 지점에서 한국 교회 목회자들에게 매우 유익한 동반자가 될 것이라 믿습니다. 이 책이 많은 목회자들에게 지혜로운 도구가 되어, 그들이 더욱 깊이 말씀을 연구하고 더 따뜻하게 성도를 돌보는 사역에 집중할 수 있기를 기대하며 기쁜 마음으로 추천합니다.

조수진 장로회신학대학교 교양학(미디어트랙) 교수

《좋은 목사가 되기 위해 AI를 배웁니다》는 단순히 "AI를 어떻게 쓰는가?"를 설명하는 기술 안내서가 아니다. 이 책은 AI라는 도구를 통해 목회자가 무엇을 붙들고, 무엇을 내려놓아야 하는가를 신학적으로 분별하도록 이끄는, 매우 절제되고 성숙한 제안서다.

저자 이석진 대표는 AI를 목회의 주체로 세우지 않는다. 오히려 그는 AI를 철저히 도구적 차원에 한정시키며, 목회자의 본질적 소명(말씀 연구, 기도, 영적 분별, 성육신적 돌봄)이 훼손되지 않도록 분명한 경계를 긋는다. 이 점에서 이 책은 기술 낙관주의에도, 기술 공포주의에도 머물지 않는 균형 잡힌 기술 신학의 실천서라 할 수 있다.

특히 인상적인 것은, 이 책이 AI 활용의 목적을 '편리함'이나 '속도'에 두지 않는다는 점이다. 저자는 반복적 행정과 과도한 정보 탐색을 AI에 위임함으로써, 목회자가 본문 앞에 더 오래 머물고, 성도 한 사

람의 삶에 더 깊이 관여하며, 기도의 자리를 회복하도록 돕는 것을 목표로 삼는다. 이는 효율성에 대한 세속적 담론이 아니라, 시간의 청지기직에 대한 신학적 응답이다.

IT 환경 안에서 글로벌 의료·선교 현장에 AI 기술을 적용하고 있는 추천인의 시각에서 볼 때, 이 책의 가치는 더욱 분명해진다. 오늘날 선교와 목회는 다언어·다문화·다매체 환경 속에서 이루어지며, 방대한 정보와 행정 부담은 사역자의 영성을 쉽게 소진시킨다. 이러한 현실 속에서 이 책은 기술을 통해 사역을 확장하되, 영성의 중심축을 결코 기술에 넘기지 않는 건강한 길을 제시한다.

물론 AI는 언제나 위험을 내포한다. 분별없는 의존은 사고를 얕게 만들고, 목회적 책임을 흐릴 수 있다. 그러나 이 책은 그러한 위험을 외면하지 않고, 오히려 반복적으로 경고하며 판단의 주체는 언제나 목회자 자신임을 분명히 선언한다는 점에서 신뢰할 만하다.

《좋은 목사가 되기 위해 AI를 배웁니다》는 AI로 더 바쁜 목회자가 되게 하는 책이 아니라, AI를 통해 더 깊고, 더 넓고, 더 본질적인 목회자로 서게 하는 책이다. 지금 이 시대, 기술 앞에서 흔들리지 않으면서도 시대와 단절되지 않기를 원하는 모든 목회자에게, 이 책을 기꺼이 필독서로 추천한다.

현옥철 국제의료봉사회 대표

목차

고단한 길의 걸림돌을
치워 드리고 싶습니다

할아버지의 상급, 그리고 나의 상급

먼저 고백하건대, 저는 목회자가 아닙니다. 강단에 서서 말씀을 선포하는 설교자도 아니며, 교회의 행정을 책임지는 목사도 아닙니다. 저는 그저 세상 속에서 치열하게 살아가는 한 명의 평신도일 뿐입니다.

하지만 저는 목회자의 삶이 얼마나 무겁고 고단한 길인지 누구보다 가까이서 지켜보며 자랐습니다. 제 주변에는 목회자인 친척들이 많습니다. 명절이나 가족 모임 때마다 그분들의 대화 속에 묻어나는 고뇌, 성도를 향한 마음, 그리고 남모르는 눈물을 보고 들으며, '성직'(聖職)의 무게를 간접적으로나마 느꼈습니다.

저의 이런 신앙적 뿌리는 할아버지에게까지 거슬러 올라갑니다. 할아버지는 일제 강점기, 일본으로 유학을 다녀오신 인텔리였습니다. 하지만 시대의 비극과 가세의 기울어짐으로 인해, 유학파 청년이었던 할아버지는 하루아침에 남의 집 종살이를 하는 처지가 되셨습니다. 모든 것을 잃고 빈털터리가 되어 고국으로 돌아오신 것입니다.

할아버지는 가장 낮고 비천한 자리에서 서른 살이 되어서야 교회 관리 집사님이 되셨습니다. 그리고 하나님을 인격적으로 만나셨고 남은 평생을 시골 교회의 '관리 집사'로 사셨습니다.

어린 시절, 저는 할아버지가 이해되지 않았습니다. 일본 유학까지 다녀오신 분이 왜 저렇게 가난하게 사셔야 하는지, 왜 평생 남들이 알아주지 않는 교회의 궂은일을 도맡아 하며 사셔야 하는지 불만스러울 때도 있었습니다. 할아버지의 손은 늘 거칠었고, 옷에는 흙먼지가 묻어 있었습니다.

하지만 이제는 압니다. 그 가난과 헌신이 바로 우리 가문을 목회자 집안으로 일으켜 세운 '거룩한 씨앗'이었음을 말입니다. 할아버지가 쌓아 오신 상급으로 인해, 지금의 제가 이렇게 많은 것을 누리며 살고 있음을 깨닫습니다. 저는 할아버지가 쌓으신 '상급'의 그늘 아래서 은혜를 입고 사는 빚진 자입니다.

그러던 어느 날, 문득 두려운 마음이 찾아왔습니다.

'할아버지의 상급으로 내가 지금을 살고 있다면, 훗날 내가 하나님 앞에 섰을 때 내 상급은 어디에 있는가?'

내가 심지 않은 것을 거둘 수는 없습니다. 할아버지의 믿음이 나의 믿음을 대신해 줄 수 없듯, 할아버지의 헌신이 나의 상급이 될 수는 없습니다. 저 또한 저의 밭을 갈고 씨를 뿌려야 했습니다. 하지만 저는 목회자가 아니기에, 강단에서 말씀을 전할 수는 없었습니다.

'그렇다면 내가 가장 잘하는 것, 내가 가진 전문 지식으로 주의 종들을 섬기자.'

이것이 제가 이 책을 쓰게 된 이유입니다. 할아버지가 빗자루를 들고 교회의 마당을 쓸어 성도들이 교회로 오는 길을 예비하셨다면, 손자 된 저는 AI라는 최첨단 도구를 들고 목회자들이 가는 길의 거친 돌들을 치워 드리고 싶었습니다.

세상은 **빠르게** 변하고 있고, 목회 환경은 갈수록 척박해지고 있습니다. 목회자 한 분이 감당해야 할 짐은 너무나 무겁습니다. 저는 제가 가진 IT와 AI 분야의 전문성을 통해, 목회자들의 무거운 짐을 아주 조금이라도 나누어 지고 싶습니다.

이 책은 신학 서적이 아닙니다. 목회 현장을 잘 아는 평신도 전문가가, 목회자들의 노고에 존경을 표하며 드리는 작은 '헌정서'이자 '기술 지침서'입니다.

할아버지가 평생 교회를 닦으셨던 그 마음으로, 저도 이 책을 통해 한국 교회의 목회자들을 섬기려 합니다. 부디 이 책이 목회자들의 사역에 작은 보탬이 되고, 그로 인해 아낀 시간과 에너지가 오직 복음을 전하는 데 쓰이기를 간절히 기도합니다.

나의 심은 것이 하늘나라의 상급이 되기를 소망하며

이석진 드림

편해지기 위해서가 아니라
더 좋은 목회를 위해

현장에서 고군분투하는 목사님에게

새벽 기도를 마치고 잠깐 눈을 붙였다가 다시 교회로 출근한 목사님의 책상 위에는, 어제 미처 다 마무리하지 못한 심방 일지와 다음 주 주보 시안, 그리고 다음 달 행사 기획안이 어지럽게 놓여 있습니다. 모니터 속 커서는 깜빡이는데, 흰 화면을 채울 글귀는 좀처럼 떠오르지 않습니다. 설교 준비를 위해 펼쳐둔 주석 책은 며칠째 같은 페이지에 머물러 있습니다.

성도들은 "목사님, 말씀이 너무 좋아요"라고 말하지만, 목사님 자신은 압니다. 그 말씀을 준비하기 위해 쏟아부어야 했던 시간이 턱없이 부족했음을. 행정과 잡무에 치여 정작 하나님과 독대해야 할 '골방의 시간'이 점점 줄어들고 있음을 뼈저리게 느낍니다.

이 책은 바로 그 지점, '목회자의 고갈된 시간'과 '지켜야 할 본질' 사이의 딜레마에서 시작되었습니다.

우리는 지금 AI라는 거대한 파도 앞에 서 있습니다. 누군가는 이것을 '제4차 산업혁명'이라 부르고, 누군가는 '인류 최후의 발명품'이라며 두려워합니다. 하지만 목회자에게 중요한 질문은 단 하나입니다.

"이 도구가 과연 십자가 복음을 전하는 데 유익한가?"

저는 감히 "그렇다"고 대답하려 합니다. 아니, 더 정확히 말하자면 "이 도구를 어떻게 붙드느냐에 따라, 목회자의 시간을 갉아먹는 도구가 될 수도 있고, 복음 전파를 위한 도구가 될 수도 있다"고 말씀드리고 싶습니다.

지금부터 나눌 이야기는 기술에 대한 예찬이 아닙니다. 광야 같은 목회 현장에서 고군분투하는 목사님에게 드리는, 아주 현실적이고 본질적인 '전담 비서'에 관한 이야기입니다.

변화하는 세상, 멈춰 있는 교회

세상의 시곗바늘은 무섭도록 빠르게 돌아갑니다. 오늘날 성도들은 유튜브(YouTube) 하나로 전 세계의 정보를 습득하고, GPT(ChatGPT)에게 질문을 던져 10초 만에 원하는 답을 얻는 시대를 살아가고 있습니다. 그들의 일상은 이미 디지털과 초연결되어 있으며, 그들이 소비하는 콘텐츠의 질은 상향 평준화되었습니다.

하지만 교회의 시계는 어떻습니까? 특히 대형 교회를 제외한 지방 소규모 교회와 개척 교회 현장은 여전히 아날로그의 땀방울로 유지되고 있습니다. 물론 그 땀방울은 고귀합니다. 하지만 그 방식이 비효율적이라면, 그것은 고귀함을 넘어 '소진'(burnout)으로 이어집니다.

"세상은 KTX를 타고 달리는데, 교회는 여전히 달구지를 끌고 가는 것 같습니다"

한 지방 교회를 섬기는 목회자의 탄식입니다. 인력과 자원이 풍부한 대형 교회는 미디어팀을 꾸리고 전문 사역자를 고용하여 시대의 속도를 따라갑니다. 화려한 영상, 세련된 카드 뉴스, 데이터에 기반한 목회 행정이 그곳에서는 가능합니다.

그러나 홀로 모든 것을 감당해야 하는 대다수의 목회자에게 '디지털 전환'은 사치스러운 이야기처럼 들립니다. 성도들의 눈높이는 높아졌는데, 목회자가 제공할 수 있는 시간과 에너지의 총량은 한계에 다다랐기 때문입니다. 이 '격차'가 주는 스트레스는 생각보다 심각합니다. 목회자가 무능해서가 아닙니다. 구조적인 문제입니다.

AI는 바로 이 기울어진 운동장을 바로잡을 수 있는, 하나님이 이 시대에 허락하신 '보편적 은총'의 도구가 될 수 있습니다. 수백만 원을 줘야 고용할 수 있는 비서, 디자이너, 데이터 분석가를 이제 월 2-3만 원, 혹은 무료로 목사님의 서재에 들일 수 있게 되었습니다.

세상의 속도를 무작정 따라가자는 것이 아닙니다. 세상의 속도에 맞춰 복음을 전달하는 '그릇'을 닦자는 것입니다. 본질인 복음은 변하지 않지만, 그것을 담는 그릇은 시대에 따라 끊임없이 갱신되어야 하기 때문입니다.

슈퍼맨이 되어야 하는 목회자

한국 교회의 목회자상은 지나치게 '초인적'입니다. 신학대학원에서는 성경과 신학, 설교학을 가르쳤지, 엑셀로 재정 장부를 만드는 법이나 행사 포스터를 디자인하는 법, 복잡한 행정 공문을 작성하는 법을 가르치지 않았습니다. 그러나 막상 현장에 던져진 목회자는 '만능 해결사'가 되어야 합니다.

- 새벽 5시: 새벽 기도회로 하루를 엽니다.
- 오전: 말씀 연구를 하려는데, 구청에서 보내온 공문을 처리해야 합니다.
- 오후: 성도 심방을 다녀오니, 주일학교 교사가 공과 자료가 부족하다고 합니다. 급하게 인터넷을 뒤집니다.
- 저녁: 차량 운행을 하고 돌아와 주보를 만듭니다. 오타를 수정하다 보니 밤 10시가 넘습니다.
- 심야: 이제야 설교 원고를 쓰려고 앉았지만, 머리는 이미

방전되었습니다.

이것이 과연 하나님이 원하시는 목회자의 모습일까요? 목회자가 행정가, 운전기사, 디자이너, 건물 관리인의 역할을 하느라 정작 '말씀과 기도'라는 본질적 사역(행 6:4)에 소홀해진다면, 그것은 주객이 전도된 것입니다.

"목사님, 몸이 열 개라도 모자라시죠?"

목회자들은 이 질문에 슬프게도 "그렇다"라고 답해 왔습니다. 그리고 그것을 '헌신'이라는 이름으로 포장하며 견뎌 왔습니다. 하지만 이제는 인정해야 합니다. 목회자의 육체적, 정신적 에너지는 무한하지 않습니다. 에너지가 고갈되면 영성도 메마릅니다. 목회자가 지치면 설교가 건조해지고, 설교가 건조해지면 성도들의 영혼이 기갈을 겪습니다.

AI는 여기서 '거룩한 위임'의 대상이 됩니다. 영혼을 돌보는 일, 눈물을 닦아 주는 일, 하나님께 부르짖는 일은 AI가 할 수 없습니다. 그러나 주보의 오타를 잡고, 복잡한 데이터를 정리하고, 설교 예화를 찾고, 문서의 초안을 잡는 일은 AI가 사람보다 훨씬 빠르고 정확하게 해낼 수 있습니다.

목회자들이 AI라는 도구를 집어야 하는 이유는 편해지기 위해서가 아닙니다. "우리는 오로지 기도하는 일과 말씀 사역에 힘쓰리라"고 선포했던 사도들의 고백을, 21세기의 목회 현장에서 회복하기 위해서입니다. 잡무로부터 해방되어야, 사역이 시작됩니다.

다니엘의 지혜를 구하며

성경에는 이방의 기술과 학문을 통달했으나, 그 영혼은 누구보다 하나님 앞에 순결했던 한 사람의 이야기가 나옵니다. 바로 다니엘입니다.

다니엘은 바벨론이라는 거대한 제국의 한복판에서 살았습니다. 그는 "갈대아 사람의 학문과 언어"(단 1:4)를 배웠습니다. 당시 갈대아의 학문은 천문학, 수학, 건축학, 그리고 점성술까지 포함된 당대 최첨단 지식이었습니다. 오늘날로 치면 AI, 빅 데이터, 양자 역학과 같은 '세상의 기술'입니다.

다니엘은 그 학문을 거부하고 산속으로 들어가지 않았습니다. 오히려 그 학문을 탁월하게 습득하여 바벨론의 박사들보다 '열 배나 나은 지혜'를 발휘했습니다. 그러나 결정적인 순간, 그는 왕의 진미를 거절했고, 예루살렘을 향해 창문을 열고 기도했습니다. 기술은 바벨론의 것을 썼으나, 그의 무릎은 하나님을 향해 꿇었던 것입니다. 이것이 바로 이 책이 지향하는 '디지털 다니엘'의 모습입니다.

AI는 현대판 '갈대아의 학문'입니다. 어떤 이들은 이것이 인본주의의 극치라며 배척합니다. 하지만 다니엘이 바벨론의 행정 시스템을 이용하여 하나님의 백성을 보호하고 하나님의 영광을 드러냈듯이, 오늘날의 목회자들도 AI라는 도구를 장악하고 활용해야 합니다.

목회자들이 두려워해야 할 것은 AI 그 자체가 아닙니다. AI에 압도되어 목회적 주관을 잃어버리는 것, 혹은 AI를 무시하다가 시대와 소통할 언어를 잃어버리는 것입니다.

하나님은 우리에게 '뱀 같은 지혜와 비둘기 같은 순결'을 요구하십니다(마 10:16). AI를 다루는 기술(Prompt Engineering)은 뱀 같은 지혜가 될 것이요, 그 기술을 오직 생명을 살리는 데에만 사용하는 중심은 비둘기 같은 순결이 될 것입니다. 이 책은 목회자들이 바벨론 같은 세상 속에서, 다니엘처럼 탁월하면서도 거룩한 리더십을 발휘하도록 도울 것입니다.

목회 AI 사용을 위한 안전 가이드라인

이 책을 집필하며 가장 많이 고민했던 부분은 '안전함'입니다. 혹여나 이 책이 AI 만능주의를 부추기거나, 목회의 거룩함을 훼손하지 않을까 하는 거룩한 두려움이 있었습니다.

그래서 이 책은 단순한 '매뉴얼'이 아닙니다. 실제 목회 현장에서 땀 흘리는 목회자 및 장로회신학대학교, 백석대학교 기독교학부 교수님을 통해 치열한 검증과 신학적 성찰을 거쳤습니다. 저는 "여호와를 경외하는 것이 지식의 근본"(잠 1:7)이라는 대원칙 위에서 다음과 같은 안전 가이드라인을 세웠습니다.

1. AI는 도구일 뿐, 권위가 아니다

AI가 아무리 뛰어난 주석 정보를 제공해도, 그것은 참고 자료일 뿐입니다. 최종적인 해석과 선포의 권위는 기름 부음 받은 설교자에게 있습니다.

2. 영적 영역의 보존

기도문 작성, 성도 상담, 영적인 선포는 결코 AI에게 요청하고 의지하지 않습니다. 목회자들은 AI에게 '정보'를 얻을 뿐, '영감'은 오직 성령께 구합니다.

3. 검증의 의무

AI는 때로 그럴싸한 거짓말을 합니다. 목회자는 베뢰아 사람처럼 "이것이 그러한가"(행 17:11) 하며 성경과 신학으로 사실을 확인할 의무가 있습니다.

이 책의 모든 장(Chapter)에는 이러한 신학적 브레이크가 걸려 있습니다. 단순히 '설교문을 쉽게 쓰는 법'을 알려 드리지 않습니다. 대신 '설교 준비 시간을 단축하여, 더 깊이 묵상하는 법'을 알려 드립니다. '심방을 AI로 대체하는 법'이 아니라, '행정 업무는 AI에게 맡기고, 한 번이라도 더 성도의 손을 잡아 주는 법'을 안내합니다.

목사님의 서재에 AI 비서를 초대하십시오

목회자 여러분, 목회의 길은 외롭고 고단합니다. 하지만 하나님은 시대마다 돕는 손길과 도구를 예비해 두셨습니다. 종교개혁 시대에 '인쇄술'이 성경을 성도들의 손에 쥐여 주었듯이, 오늘날 'AI'는 목회자의 손에 쥐어진 새로운 도구가 될 수 있습니다.

이제 마음의 빗장을 열고, 목사님의 사역 한편에 새로운 자리를 마련하십시오. 이 책이 목사님의 유능한 'AI 비서'를 채용하는 추천서가 되기를 바랍니다. 그리하여 목사님이 짊어진 무거운 짐들이 조금이나마 가벼워지기를, 그리고 그 가벼워진 어깨 위에 다시금 사명의 십자가를 굳건히 질 힘이 생겨나기를 간절히 기도합니다.

광야 같은 세상, 그러나 여전히 만나와 메추라기를 공급하시는 하나님의 은혜를 신뢰하며, 이 책이 목사님의 목회에 작은 물매 돌 하나가 되기를 소망합니다.

Part
1

번아웃
위기의
목회자

그 많던 시간은
어디로
사라졌을까

♦

목회자는 게으르면 안 된다.
하지만 바쁜 것이 곧 충성된 것은 아니다.

목회자의 24시간

새벽 4시 20분.

스마트폰 알람이 울리기도 전에, 김 목사님의 눈은 이미 떠져 있습니다. 수십 년간 몸에 배어 버린 '거룩한 생체 시계'입니다. 무거운 몸을 일으켜 강단에 섭니다. 설교를 하고 성도들의 기도 제목을 하나하나 읊조리며 하나님께 올려 드리다 보면 어느새 창밖이 밝아옵니다. 새벽 예배를 마치고 성도들과 인사를 나누고, 간단히 개인 기도를 마치고 사택으로 돌아오면 아침 7시. 잠깐 눈을 붙일까 고민하지만, 오늘은 주보 시안을 넘겨야 하는 날입니다.

많은 성도들은 목회자가 '주일'에만 일한다고 오해하거나, 주중에는 하루 종일 성경만 보고 기도만 할 것이라고 생각합니다. "목사님은 참 좋으시겠어요. 세상 스트레스 없이 말씀만 보면 되니까요." 심방 가서 듣는 이 농담 섞인 말 한마디가 때로는 비수처럼 꽂힙니다. 그들이 모르는 목회자의 '백스테이지'는 전쟁터와 다름없기 때문입니다.

어느 목회자의 하루

- 04:30-06:30 새벽 예배 인도 및 개인 기도
- 07:00-08:30 아침 식사 및 자녀 등교 전쟁
- 09:00-10:30 말씀 연구 및 설교 초안 작성 **[집중 방해]**

(전화: 김 권사님-"목사님, 권사회 야유회 날짜가 겹치는데요?")

(문자: 관리 집사님-"식당 에어컨 고장 났습니다. 수리 업체를 부를까요?")

(카카오톡: 노회 서기 목사님-"이번 시찰회 공문 양식 좀 다시 보내 주세요.")

- 10:30-12:30 심방(병원 입원 환우 및 사업장 개업 예배)
- 12:30-13:30 점심 식사(교제, 사실상의 사역 연장)
- 13:30-16:00 행정 업무 **[가장 큰 시간 누수 구간]**

다음 주 주보 제작 및 디자인(디자이너 없음)

재정 장부 엑셀 입력 및 영수증 풀칠

교회학교 공과 자료 인터넷 검색(적당한 이미지 찾느라

40분 소요)

· 16:00-18:00 수요예배/금요철야예배 설교 준비 및 큐티

나눔방 자료 제작

· 18:00-19:30 저녁 식사 및 가정 예배

· 20:00-22:00 제자 훈련 또는 야간 심방/상담

· 22:00-24:00 주일 설교 원고 마무리 및 행정 잔업 처리

이 시간표에서 우리가 주목해야 할 것은 '단절'입니다. 목회자의 업무는 결코 연속적이지 않습니다. 깊이 있는 신학 서적을 읽으며 묵상에 잠기려 할 때쯤, 행정적인 요청이 들어옵니다. 기도의 줄을 잡으려 할 때, 건물 관리 문제가 터집니다.

경영학의 구루 피터 드러커(Peter Drucker)는 "지식 근로자의 생산성은 '방해받지 않는 시간의 총량'에 비례한다"라고 했습니다. 하물며 영적인 통찰을 길어 올려야 하는 목회자는 오죽하겠습니까. 그러나 현실의 한국 교회 목회자, 특히 부교역자가 부족한 중소형 교회 목회자는 '목자'이자 '행정가', '건물 관리인', '운전기사'의 역할을 동시에 수행해야 합니다.

가장 뼈아픈 현실은 '중요한 일'과 '급한 일'의 전도 현상입니다. 설교 준비와 성도 돌봄은 '중요한 일'입니다. 주보를 만들

고, 공문을 보내고, 영수증을 붙이는 일은 당장 처리해야 하는 '급한 일'입니다. 슬프게도 목회 현장은 급한 일이 중요한 일을 잡아먹는 구조입니다. 행정 잡무를 처리하느라 에너지를 다 쓰고 나면, 정작 강단에 올라갈 때는 탈진 상태가 됩니다. 이것이 반복되면 영적 번아웃이 옵니다.

목회자가 게을러서가 아닙니다. 구조적으로 '비본질적인 업무'가 목회자의 발목을 잡고 있는 것입니다. 24시간 중 순수하게 말씀과 기도, 그리고 성도의 눈을 바라보는 데 쓰는 시간은 과연 몇 %나 될까요? 이 불균형을 해결하지 않으면, 한국 교회의 강단은 점점 더 지쳐 갈 수밖에 없습니다.

유튜브 시대의 성도들, "목사님, 우리 교회는 왜…"

과거에는 '우리 교회 목사님'이 성도들에게 유일한 영적 공급자였습니다. 주일 강단에서 선포되는 말씀이 그들에게는 한 주를 살아갈 유일한 생명수였습니다. 그러나 스마트폰의 보급과 유튜브의 폭발적인 성장은 이 생태계를 완전히 뒤흔들어 놓았습니다.

이제 성도들은 출퇴근길에 한국 최고의 설교가라 불리는 목회자들의 설교를 듣습니다. 찬양은 세계적인 워십팀의 라이브 영상을 보며 은혜를 받습니다. 성경 공부는 유명 신학 교수의 유튜브 강의로 대신합니다. 이것은 축복인 동시에, 지역 교회 목회자에게는 가혹한 '비교의 지옥'이기도 합니다.

성도들의 눈과 귀는 이미 '프로페셔널'한 콘텐츠에 맞춰져 있습니다.

- 설교: 논리 정연하고, 예화는 감동적이며, 발음은 아나운서처럼 정확하고, 영상 편집은 매끄럽습니다.
- 디자인: 주보, 포스터, 자막 디자인이 대기업 광고 수준으로 세련되었습니다.
- 행정: 카카오톡 알림톡으로 예배 안내가 오고, QR 코드로 출석 체크를 합니다.

반면, 목회 현장의 현실은 어떠합니까?

아래아 한글로 겨우 편집한 흑백 주보, 10년 전 무료 이미지 사이트에서 다운로드한 촌스러운 PPT 배경, 앰프 노이즈가 섞인 설교 영상…. 목회자는 최선을 다하고 있지만, 성도들은 무의식중에 비교합니다.

"우리 목사님, 설교는 참 좋은데, 뭔가 좀 올드해."

"우리 교회 주보는 왜 이렇게 촌스러울까? 친구 데려오기 좀 그래."

이런 말들이 들려올 때, 목회자가 느끼는 자괴감은 이루 말할 수 없습니다. "본질이 중요하지, 껍데기가 중요한가?"

라고 항변해 보지만, 현대 사회에서 '형식'(Media)은 곧 '메시지'(Message)의 일부입니다. 디자인이 조악하면 그 안에 담긴 내용조차 낡은 것으로 치부되기 쉬운 시대입니다.

소규모 목회 현장의 괴리감

특히 소규모 교회나 지방 소도시 교회, 개척 교회의 상황은 더욱 심각합니다. 대형 교회는 수십 명의 방송실 직원과 전문 디자이너, 전산팀을 보유하고 있습니다. 그들은 매주 '작품'을 만들어 냅니다. 하지만 소규모 교회의 목회자는 혼자서 북 치고 장구 쳐야 합니다.

"목사님, 요즘 다른 교회는 '유튜브 숏츠'로 전도한다는데 저희도 도전해 볼까요?"

젊은 집사님의 건의 사항에 목사님은 밤새 유튜브 편집 강의를 검색해 봅니다. 하지만 설교 준비할 시간도 부족한데 영상 편집 기술까지 배워야 한다니, 눈앞이 캄캄합니다. 성도들의 눈높이는 스카이라운지에 가 있는데, 목회자의 현실은 지하 단칸방에서 코딩을 배우는 심정입니다.

이 '격차'가 목회자를 위축되게 만듭니다. 내가 능력이 부족해서 교회가 부흥하지 않는 것 같고, 내가 시대를 못 따라가서 청년들이 떠나는 것 같습니다. 그러나 분명히 말씀드립니다.

이것은 목사님의 능력 부족이 아닙니다. 한 사람이 감당할 수 없는 '과부하의 시대'가 도래했기 때문입니다.

목회자들은 인정해야 합니다. 성도들은 변했습니다. 그들은 더 이상 참아 주지 않습니다. 하지만 목회자가 모든 분야의 전문가가 될 수는 없습니다. 그렇기에 목회자들에게는 '내 손'을 빌려 줄 도구, 아니 내 능력을 확장해 줄 '레버리지'가 절실히 필요합니다. 그것이 바로 우리가 AI를 주목해야 하는 이유입니다.

사역의 효율화는 곧 '영성 관리'다

많은 목회자들이 '효율'이라는 단어를 교회에서 사용하는 것을 꺼립니다. 효율은 왠지 세상 기업의 논리 같고, 목회는 '우직함'과 '미련함'으로 하는 것이라 배웠기 때문입니다. "기도로 뚫어야지, 무슨 기술을 쓰느냐"는 질책이 두렵기도 합니다.

하지만 관점을 바꿔 봅시다. 사역에서의 효율화는 단순히 일을 빨리 끝내고 쉬기 위함이 아닙니다. '가장 중요한 일에 내 생명을 쏟기 위해, 덜 중요한 일에서 에너지를 아끼는 지혜'입니다. 행정을 줄여야 기도가 삽니다.

시간의 청지기직

우리는 물질의 청지기직에 대해서는 많이 설교합니다. 돈을 낭비하지 말고 하나님 나라를 위해 쓰라고 가르칩니다. 그렇다면 '시간'은 어떠합니까? 하나님이 목회자에게 주신 시간은 성도들의 영혼을 살리라고 주신 거룩한 자원입니다.

만약 목사님이 주보의 오타를 수정하고, 엑셀 칸을 맞추고, 인터넷에서 무료 이미지를 찾느라 3시간을 썼다고 가정해 봅시다. 그 3시간은 단순히 흘러간 시간이 아닙니다. 그 시간 동안 아파하는 성도를 위해 기도할 수 있었고, 난해한 성경 구절을 깊이 연구할 수 있었으며, 지친 사모님의 이야기를 들어 줄 수 있었습니다.

비효율적인 행정 처리는 단순히 몸이 힘든 문제가 아니라, 하나님이 주신 '목양의 시간'을 길바닥에 쏟아 버리는 직무 유기일 수도 있다는 경각심을 가져야 합니다.

모세와 이드로의 교훈

출애굽기 18장에서 모세는 아침부터 저녁까지 백성들을 재판하느라 탈진 직전이었습니다. 백성들도 지쳐 갔습니다. 이때 장인 이드로는 모세에게 "네가 하는 것이 옳지 못하도다"(출 18:17)라고 직언합니다. 그리고 '천부장, 백부장'을 세워 작은 일은 그들에게 맡기고, 모세는 하나님께 나아가는 일과 큰 일에 집중하라고 조언합니다.

오늘날의 AI는 우리에게 '디지털 천부장, 백부장'과 같습니다.

- 단순한 자료 검색
- 문서의 초안 작성
- 데이터 정리
- 디자인 이미지 시안 제작
- 외국어 번역

이런 일들은 AI에게 맡겨야 합니다. AI는 불평하지 않고, 잠도 자지 않으며, 심지어 무료에 가깝습니다. 모세가 권한을 위임함으로써 다시 하나님 앞에 설 힘을 얻었듯이, 목회자는 잡무를 AI에게 위임함으로써 다시 '말씀과 기도'의 자리로 돌아가야 합니다.

"행정을 줄여야 기도가 삽니다. 그리고 검색을 줄여야 묵상이 깊어집니다."

이것이 이 책이 주장하는 핵심 테제입니다. 여기서 배우려는 AI 기술은 화려한 설교를 뽐내기 위함이 아닙니다. 유튜브 조회 수를 늘리기 위한 잔재주도 아닙니다.

오직, 토요일 밤 11시까지 주보를 붙들고 씨름하던 시간을 단축하여, 그 시간에 강단에 엎드려 눈물로 기도하기 위함입니다. 성경 본문의 배경지식을 찾는 데 걸리는 2시간을 5분으로 줄이고, 남은 1시간 55분 동안 그 말씀을 내 심장에 새기기 위함입니다.

기술은 목적이 아닙니다. 기술은 목회자들이 잃어버렸던 '목회의 본질'을 되찾아 줄 강력한 도구입니다. 이제 우리는 죄책감을 내려놓고, 이 도구를 과감하게 집어 들어야 합니다.

자, 그렇다면 구체적으로, 이 도구를 어떻게 바라보고, 어떻게 다루어야 할까요? 다음 장에서는 AI를 향한 막연한 두려움과 신학적 오해를 풀고, 건강한 '기술 신학'을 정립해 보겠습니다.

목사님, 준비되셨습니까? 이제 목사님의 사역에 새로운 혁명이 시작됩니다.

책장을 넘기기 전, 잠시 펜을 들고 아래 질문에 솔직하게 답해 보십시오.

1 지난주, 책상에 앉아 있었지만 설교 준비나 기도가 아닌 '행정/잡무'로 보낸 시간이 대략 몇 시간이었습니까?

---

2 성도들의 눈높이에 맞추려고 할 때 가장 부담스럽게 느껴지는 영역은 무엇입니까? (예: 영상 편집, 주보 디자인, 예화 찾기 등)

---

3 만약 매주 5시간의 여유 시간이 '선물'처럼 주어진다면, 그 시간에 무엇을 가장 하고 싶습니까?

이 답들이 바로, 목사님이 이 책을 끝까지 읽어야 할 이유입니다.

AI를 어떻게 바라봐야 할까

◆

기술은 가치 중립적이지 않다.
그러나 기술은 본질적으로 악하지도 않다.
문제는 그 기술을 손에 쥔 '청지기'의 마음이다.

문화를 경작하는 청지기로서의 목회자

많은 목회자들이 AI, 특히 GPT와 같은 생성형 인공지능을 처음 접할 때 매우 복잡한 감정을 느낍니다. 모니터에서 순식간에 쏟아져 나오는 방대한 지식 앞에서의 '경이로움'과, 목회자의 고유한 지적 영역마저 대체될지도 모른다는 '두려움', 그리고 기계가 영적인 텍스트를 다루는 것에 대한 알 수 없는 '거부감'이 뒤섞입니다.

"이것이 현대판 바벨탑이 아닐까?", "인간이 전지전능하신 하나님처럼 되려는 교만의 산물이 아닐까?"라는 질문은 신학적으로 매우 타당하며, 이 시대를 살아가는 목회자라면 반드시 던져야 할 필요한 질문입니다.

그러나 성경의 첫 장을 펼치면, 우리는 두려움을 넘어선 하나님의 뜻밖의 명령을 마주하게 됩니다. "하나님이 그들에게 복을 주시며 하나님이 그들에게 이르시되 생육하고 번성하여 땅에 충만하라, 땅을 정복하라, 바다의 물고기와 하늘의 새와 땅에 움직이는 모든 생물을 다스리라 하시니라"(창 1:28).

우리는 이것을 '문화 명령'이라고 부릅니다. 하나님은 아담과 하와를 에덴동산에 두시고 단순히 그곳에 열린 열매만 따먹으며 수동적으로 소비하라고 하지 않으셨습니다. 그곳을 적극적으로 "경작하며 지키게"(창 2:15) 하셨습니다. 여기서 '경작하다'로 번역된 히브리어 '아바드'(abad)는 단순히 흙을 파는 농사만을 의미하지 않습니다. 땅의 잠재력을 끌어내고, 도구를 발명하며, 문화를 일구는 모든 생산적이고 창조적인 행위를 포괄합니다.

따라서 기술은 하나님을 대적하는 무기가 아니라, 하나님의 창조 세계에 숨겨진 경이로운 원리들을 '발견'하고 그것을 인간의 삶으로 '확장'하는 도구입니다. 인류의 역사는 곧 하나님이 숨겨 두신 창조의 비밀을 하나씩 풀어 온 과정입니다.

· 인간은 땅의 중력과 마찰력의 원리를 이용하여 수레바퀴를 만들었습니다.

· 빛이 굴절되는 광학의 원리를 발견하여, 시력을 잃어 가는 노년의 성도도 성경을 읽을 수 있도록 안경을 만들었습니다.

· 소리와 전파의 원리를 이용하여 마이크와 스피커를 만들었습니다.

처음 교회 강단에 마이크와 앰프가 도입되었을 때를 기억하십니까? 서구의 일부 보수적인 교단에서 이를 '사람의 육성(자연)을 왜곡하는 사탄의 도구'라며 강하게 거부하던 시절이 있었습니다. 피아노와 기타 역시 한때는 세속의 악기라며 예배당 밖으로 내쫓겼습니다.

하지만 지금, 마이크 없는 주일예배 설교를 상상할 수 있습니까? 마이크는 목회자의 성대를 보호하는 귀한 도구일 뿐만 아니라, 2천 석, 3천 석 예배당의 맨 뒷자리에 앉은 상처 입은 영혼에게까지 복음의 메시지를 명확하고 따뜻하게 전달하는 거룩한 확성기가 되었습니다.

AI 또한 이와 다르지 않습니다. 인공지능은 인간이 창조주의 허락 없이 빚어 낸 새로운 '생명체'가 아닙니다. 하나님이 인간의 뇌와 언어 속에 심어 두신 논리의 구조, 문법의 규칙, 그리고 방대한 데이터의 패턴을 수학적 알고리즘과 고도화된 연산 장치로 구현해 낸 매우 발달한 '도구'일 뿐입니다.

도구는 그 자체로 선악을 갖지 않습니다. 그 도구를 쥐고 밭을 갈 것인가, 아니면 이웃을 해칠 것인가는 오직 청지기인 인간의 손에 달려 있습니다.

복음 전파의 5대 혁명

|

흥미로운 점은 성경의 거대한 내러티브가 시작되는 곳은 '동산'(Garden, 에덴)이지만, 그 역사가 완성되며 끝맺는 곳은 '성'(City, 새 예루살렘)이라는 사실입니다(계 21장). 에덴동산은 인간의 가공이 들어가지 않은 자연 그대로의 무결한 상태이지만, 요한계시록에 등장하는 새 예루살렘성은 문명과 기술, 정교한 건축과 문화가 최고도로 집약된 상징입니다.

이것은 무엇을 의미할까요? 하나님은 인간이 만들어 낸 문명과 기술을 세속적이라며 무조건 폐기하지 않으십니다. 오히려 그 기술을 그리스도의 보혈로 씻어 거룩하게 구별하시고, 그것을 하나님 나라를 확장하는 가장 강력한 재료로 삼으십니다.

기독교의 2천 년 역사를 돌아보면, 복음이 전파되는 결정적인 변곡점마다 하나님은 당대 최고의 최첨단 기술을 사용하셨습니다. 우리는 이를 '복음 전파의 5대 혁명'으로 부를 수 있습니다.

인쇄 혁명, 성경의 민주화

15세기 요하네스 구텐베르크(Johannes Gutenberg)의 금속 활자 발명은 인류 역사를 뒤바꾼 기술적 특이점이었습니다. 종교개혁자 마르틴 루터(Martin Luther)는 이 인쇄술을 가리켜 "복음을 전파하기 위해 하나님이 주신 마지막이자 최고의 선물"이라고 극찬했습니다.

인쇄 혁명 이전, 성경은 라틴어로 쓰인 거대한 양피지 두루마리였고 오직 극소수의 사제들만 독점하던 권력이었습니다. 하지만 인쇄술을 통해 성경은 자국어로 번역되어 평신도들의 식탁 위로 올라갔습니다. 당대의 가장 강력한 하이테크(hightech)였던 인쇄술이 없었다면, 종교개혁의 불길은 결코 유럽 전역으로 번져 나가지 못했을 것입니다.

라디오 전파 혁명, 국경을 넘는 복음

19세기 말과 20세기 초, 눈에 보이지 않는 전파를 통해 소리를 전달하는 기술이 발명되었습니다. 교회는 이 기술을 즉각 수용했습니다. 극동방송과 같은 기독교 라디오 방송국들은 이 전파 혁명을 통해 복음의 패러다임을 바꿨습니다. 선교사가 직접 두 발로 걸어 들어갈 수 없었던 공산권과 이슬람 국가의 깊은 안방까지, 라디오 전파는 국경과 이념을 뛰어넘어 복음을 실어 날랐습니다. 바다를 건너는 보이지 않는 전파가 수천만 명의 영혼을 구원하는 보이지 않는 선교사가 된 것입니다.

WWW 혁명, 시공간의 한계를 허물다

1990년대 후반 인터넷이 보급되면서 월드 와이드 웹(WWW)의 시대가 열렸습니다. 교회들은 앞다투어 홈페이지를 구축하기 시작했습니다. 과거에는 주일 오전 11시에 예배당이라는 물리적 공간에 와야만 목사님의 설교를 들을 수 있었습니다. 그러나 인터넷 혁명을 통해 목사님의 설교 텍스트와 음성 파일이 디지털 데이터로 변환되어 전 세계 어디서든, 24시간 언제든지 접속하여 은혜를 누릴 수 있는 시공간의 무한 확장을 이뤄 냈습니다.

플랫폼 혁명, 손 안의 예배당

스마트폰의 보급과 함께 등장한 SNS(소셜 네트워크 서비스)와 유튜브는 복음 전파의 네 번째 혁명을 일으켰습니다. 특히 코로나19 팬데믹이라는 전대미문의 위기 속에서, 플랫폼 혁명은 교회의 생명줄과 같았습니다. 텍스트와 음성을 넘어, 화려하고 직관적인 '영상' 매체를 통해 복음이 전파되기 시작했습니다.

이제 성도들이 출퇴근길에 스마트폰을 열어 1분짜리 숏츠로 묵상을 하고, 유튜브 알고리즘을 통해 한 번도 교회에 와 본 적 없는 비신자들의 피드에도 복음의 메시지가 노출되는 엄청난 확장성을 가지게 되었습니다.

AI 혁명, 초개인화된 맞춤형 복음의 시대

그리고 지금, 우리는 다섯 번째이자 인류 역사상 가장 거대한 파도인 'AI 혁명'의 한가운데 서 있습니다. 앞선 네 번의 혁명이 "하나의 메시지를 얼마나 더 멀리, 더 많은 사람에게 전달할 것인가?"에 집중했다면, AI 혁명은 완전히 결이 다릅니다. AI 혁명의 핵심은 '초개인화'(Hyper-personalization)입니다.

이제 AI 기술이 발달함에 따라, 단순히 모두에게 똑같은 설교를 방송하는 것을 넘어, 각 사람의 나이, 직업, 현재 겪고 있는 고난의 상황, 심지어 모국어(이주민의 경우)에 완벽하게 맞춘 '개인화된 복음의 메시지'를 생성하고 전달할 수 있게 되었습니다.

캄보디아에서 온 이주민에게는 실시간 AI 통역으로 자국어 복음을 들려주고, 우울증을 겪는 청년에게는 그의 상황에 맞는 성경 구절과 위로의 기도를 큐레이션 해 주는 시대. 이것이 AI가 열어 갈 새로운 복음 전파의 혁명입니다.

오늘날의 AI는 21세기의 금속 활자이자, 새로운 라디오 전파입니다. 이 기술은 단순히 인간의 편의를 도모하거나 문서를 빨리 작성하기 위해 주어진 것이 아닙니다. 혼돈스러운 정보의 바다를 정돈하여 질서를 잡고, 수많은 성도의 다양한 영적 필요 속에서 복음의 빛을 가장 정확하게 비추도록 돕는 거룩한 도구입니다.

따라서 목회자가 AI를 대하는 태도는 '막연한 공포와 배척'이 되어서도 안 되며, '무비판적인 맹신과 수용'이 되어서도 안 됩니다. "이 강력한 도구를 통해 어떻게 하나님의 영광을 극대화하고, 한 영혼이라도 더 구원할 것인가?"를 치열하게 고민하는 '적극적 청지기'의 태도여야 합니다.

밭을 가는 농부가 호미 대신 트랙터를 쓴다고 해서 밭의 본질이 사라지지 않듯, 목회자가 설교 준비를 위해 펜과 백과사전 대신 AI를 쓴다고 해서 목회와 말씀의 본질이 훼손되는 것은 결코 아닙니다.

창조주 하나님 > 청지기 인간 > 도구 AI

하지만 기술 긍정론이 자칫 '기술 맹신'이나 '신학적 타협'으로 이어져서는 안 됩니다. AI라는 강력한 야생마를 길들이기 위해, 목회자의 서재에는 아주 엄격하고도 타협할 수 없는 '권위의 위계'가 확립되어야 합니다. 이 영적 질서가 무너지는 순간, AI는 유용한 도구의 자리를 이탈하여 강단의 우상이 되고 맙니다.

제1원칙 창조주 하나님만이 모든 지혜와 진리의 근원이시다

모든 지식과 지혜는 오직 하나님께로부터 나옵니다. GPT나 클로드(Claude)가 내놓는 답변이 아무리 똑똑하고 논리 정연해 보여도, 그것은 새로운 계시나 진리가 아닙니다. 그것은 단지 하나님이 만드신 피조 세계의 방대한 데이터 파편들을 확률적 연산에 따라 가장 그럴싸하게 '재조립'해 낸 텍스트의 나열에 불과합니다. AI는 결코 '진리'(truth)를 알지 못합니다. 단지 '확률'을 계산할 뿐입니다. 따라서 강단에서 선포되는 말씀과 진리의 최종 권위는 오직 창조주 하나님과 그분의 영감으로 기록된 무오한 성경 말씀에만 존재합니다.

제2원칙 인간만이 '하나님의 형상'을 부여받은 청지기다

지구상의 어떤 고도화된 기술이나 기계도 '하나님의 형상'(Imago Dei)대로 지음 받지 않았습니다. 오직 인간만이 하나님의 형상을 지닙니다. 여기에는 영원 불멸하는 영혼, 죄에 대하여 찔림 받는 양심, 선악을 선택하는 자유의지, 그리고 무엇보다 창조주 하나님과 인격적으로 교제할 수 있는 영성이 포함됩니다.

목회자는 하나님께 위임받은 권위로 기술을 통제하고 다스리는 주체입니다. AI가 방대한 주석을 요약하여 설교의 훌륭한 초안을 작성할 수는 있어도, 그 텍스트가 신학적으로 건전한지, 우리 교회 성도들의 상황에 맞는지 영적으로 분별하고 최종적으로 선포할 권한은 오직 '기름 부음 받은 설교자' 한 사람에게만 있습니다.

제3원칙 AI는 영혼이 없는 '도구'에 불과하다

AI는 하나님의 형상이 아닙니다. 굳이 표현하자면, 인간의 지성과 언어 패턴을 모방하여 만들어 낸 '인간의 그림자'일 뿐입니다. AI에게는 영혼이 없습니다. 십자가의 은혜 앞에서 오열하는 고뇌가 없고, 성도의 아픔에 공감하는 눈물이 없으며, 예수 그리스도의 피로 구원받아야 할 구원의 대상도 아닙니다. 그러므로 AI는 철저하게 인간(청지기)의 명령과 통제 아래 종속되어야 하는 엑셀이나 워드프로세서 같은 '도구'에 머물러야 합니다.

AI가 목회자의 주인이 될 때

목회 현장에서 가장 위험하고 경계해야 할 순간은 목회자가 스스로 생각하고 묵상하기를 멈춘 채 AI에게 전적으로 의존하는 '위계의 역전'이 일어날 때입니다.

- 설교의 주권 이양: 목회자가 본문을 두고 몸부림치는 묵상 없이, GPT에게 "이 본문은 무슨 뜻이야? 오늘 설교를 써 줘"라고 묻고, 그 답변을 아무런 신학적 검증 없이 그대로 강단에서 읽어 내려간다면 어떻게 될까요? 이것은 AI에게 신학자와 설교자의 권위를 통째로 헌납하는 것입니다.

- 목양의 주권 이양: 성도가 큰 슬픔을 당했을 때, "이 성도

에게 어떤 위로의 말을 해야 해?"라고 AI에게 묻고, 그 매끄러운 텍스트를 복사하여 아무런 감정 없이 전송한다면 어떻게 될까요? 그것은 기계의 알고리즘이 목자의 따뜻한 심장을 대체해 버리는 비극입니다.

이것은 21세기형 '현대판 우상 숭배'의 변형일 수 있습니다. 과거 광야의 이스라엘 백성이 보이지 않는 하나님을 기다리지 못하고 금송아지를 만들어 "이것이 우리를 인도할 신이다"라고 외쳤듯이, 현대의 목회자가 기도의 골방에서 하나님의 음성을 기다리는 인내를 포기하고, 즉각적인 답을 내놓는 AI 모니터 앞에서 "나의 설교와 목양을 인도하라"고 말한다면 그것은 심각한 영적 타락입니다.

우리는 AI를 지식을 돕는 '두 번째 뇌'로 사용할 수는 있어도, 영혼을 품는 '첫 번째 심장'의 자리를 결코 내어 주어서는 안 됩니다.

AI는 탁월한 비서입니다. 자료를 찾아 주고 문서를 정돈해 줍니다. 하지만 비서가 회사의 최종 결정권자가 되게 해서는 안 됩니다. 목회의 모든 서류와 메시지에 찍히는 '최종 결재 도장'은 반드시 목회자가 직접 찍어야 합니다. 그리고 그 '도장을 찍는 행위'란, 모니터를 끄고 성경을 펴고 오랜 시간 이어지는 치열한 묵상, 이단 사상을 걸러 내는 신학적 검증, 그리고 "주여, 이 말씀에 생기를 불어넣어 주옵소서"라고 부르짖으며 성령의 조명을 구하는 땀방울 섞인 기도입니다.

"AI야, 방대한 자료를 찾고 초안을 다듬어라. 그러나 신학적 판단은 내가 하겠다. 그리고 영혼을 변화시키는 능력의 선포는 오직 성령 하나님이 하신다."

이 명확하고도 타협할 수 없는 영적 명령 체계가, 바로 지금 목사님의 모니터 앞에 확고하게 세워져야 합니다.

AI가 흉내 낼 수 없는 것

기술 신학의 가장 중요한 마지막 단계는, 기술이 '할 수 있는 것'과 영적인 이유로 '해서는 안 되는 것'(혹은 '할 수 없는 것')의 명확한 경계선을 긋는 것입니다.

앞으로 기술이 발전할수록 이 경계는 점점 더 교묘하게 희미해질 것입니다. 머지않은 미래의 AI는 유명 부흥사의 목소리 톤과 억양까지 완벽하게 복제하여 성도들을 감동시키는 기도문을 실시간으로 낭독할지도 모릅니다. 홀로그램으로 구현된 AI 목회자가 심방을 대신 가는 시대가 올 수도 있습니다. 하지만 우리는 세상의 화려한 기술력 앞에서 단호하고 결연하게 선언해야 합니다.

"AI가 인간의 기능은 완벽하게 흉내 낼 수 있을지 몰라도, 목회자의 영적 존재 자체는 영원히 대체할 수 없다."

말씀 선포(kerygma, 케리그마)의 거룩한 신비

강단에서의 설교는 단순한 윤리적 훈화나 신학적 정보의 전달이 아닙니다. 설교는 하나님의 살아 있는 말씀이, 부족하지만 철저히 깨어진 설교자의 인격과 삶을 통과하여 성도들의 굳은 심령에 꽂히는 거룩한 '영적 사건'입니다.

물론 AI는 지구상에 존재하는 수천 권의 주석과 신학 논문을 단 1초 만에 분석하고 요약할 수 있습니다. 난해한 히브리어와 헬라어 문법을 완벽하게 분해하여 설명할 수 있습니다. 지식의 양으로 인간은 더 이상 AI를 이길 수 없습니다. 그러나 AI는 '본문의 한 구절을 깨닫기 위해 뜬눈으로 밤을 새우며 몸부림치는 고뇌'를 알지 못합니다.

설교의 진짜 권위는 텍스트의 매끄러움이나 정보의 방대함에서 나오는 것이 아닙니다. 그 권위는 설교자가 한 주간 그 말씀을 자신의 삶 속에서 먼저 살아 내려고 피 흘리며 발버둥 쳤던 '삶의 흔적(Stigmata)'과, 강단에 무릎 꿇었을 때 하늘로부터 임하는 '성령의 압도적인 기름 부으심'에서 나옵니다.

AI가 써 준 완벽하고 논리적인 설교문은 성도들의 지적인 귀를 잠시 즐겁게 할 수는 있어도, 깊은 죄악 속에 죽어 가는 영혼을 소성케 하지는 못합니다. 차갑게 식어 버린 영혼의 가슴을 때리고 울리는 것은 완벽한 팩트가 아니라, 그 팩트를 가슴에 품고 단상에서 흘리는 목회자의 뜨거운 눈물이기 때문입니다.

중보 기도: 인격적 관계의 영성

기도는 주문을 외우는 노동이 아니라, 창조주 하나님 아버지와의 가장 친밀하고 인격적인 대화의 시간입니다. 최근 'AI 기도문 자동 작성 서비스'가 교계 안팎에 등장했습니다. 프롬프트에 "현재 항암 치료로 고통받고 있는 60대 권사님을 위한 심방 기도문을 감동적으로 써 줘"라고 입력하면, 성경 구절까지 적절히 인용된 아주 유려하고 눈물겨운 기도문이 출력됩니다. 목회 초년생이나 표현력이 부족한 분들은 이 텍스트를 '참고'하여 자신의 기도를 다듬는 데 사용할 수는 있습니다. 하지만 결코 AI에게 "나 대신 이 권사님을 위해 기도해 줘"라고, 기도의 행위 자체를 위임할 수는 없습니다.

기도는 텍스트 데이터와 아름다운 단어들의 조합이 아닙니다. 기도는 "우리는 마땅히 기도할 바를 알지 못하나 오직 … 말할 수 없는 탄식으로 우리를 위하여 친히 간구"(롬 8:26)하시는 성령과의 깊은 영적 연합입니다.

기도의 진짜 능력은 문장의 화려함에 있지 않고, 영혼을 향한 애통함과 간절함에 있습니다. AI는 결코 간절해질 수 없습니다. AI에게는 지옥 불에서 건져 내야 할 구원의 절박함도 없고, 벼랑 끝에 선 성도를 향한 긍휼의 마음도 없기 때문입니다. 암 환자의 손을 붙잡고 기도하다가 목이 메어 아무 말도 하지 못한 채 눈물 흘리는 목회자의 침묵이, AI가 쓴 천 마디의 미사여구보다 하늘 보좌를 더 강력하게 움직입니다.

목양: 양 떼를 안는 성육신적 돌봄

기독교 목회와 돌봄의 본질은 '함께함'에 있습니다. 예수님이 하늘 보좌의 영광을 버리고 이 냄새나고 더러운 땅에 찢어질 육신을 입고 직접 내려오신 '성육신' 사건이야말로 모든 기독교 목회의 원형이자 완벽한 모델입니다. 예수님은 멀리 하늘에서 위로의 메시지만 전송하지 않으시고, 직접 나병 환자의 몸에 손을 대셨습니다.

차가운 장례식장 바닥에 주저앉아 오열하는 유가족의 어깨를 감싸안아 주는 체온, 심방을 가서 성도의 집 벽에 핀 곰팡이와 낡은 장판을 보며 가슴이 무너져 내리는 안타까움, 병상에 누워 의식을 잃어 가는 성도의 귀에 대고 찬송가를 불러 주며 흘리는 눈물…. 이 모든 것은 0과 1로 이루어진 디지털 신호나 챗봇의 텍스트가 결코 닿을 수 없고, 구현해 낼 수도 없는 지극히 인간적이고 거룩한 '아날로그의 성역'입니다. 목자는 양의 냄새를 맡아야 하고, 양은 목자의 체온을 느껴야 합니다.

물론 우리는 AI 기술을 활용하여 1천 명 성도의 심방 일정을 단 몇 초 만에 가장 효율적인 동선으로 짤 수 있습니다. 방대한 교적 데이터를 분석하여 이번 주에 생일을 맞은 외로운 성도들의 명단과 알림을 정확히 받아 볼 수 있습니다. 그러나 그 알림 창을 보고 전화기를 들어, "집사님, 태어나 주셔서 고마워요. 하나님이 집사님을 참 많이 사랑하십니다"라고 말하는 그 떨리는 진심의 목소리는 오직 목사님만 낼 수 있습니다.

목회의 인간성은 더욱 깊어져야 한다

이러한 신학적 성찰을 통과하고 나면, 우리는 매우 역설적이고도 가슴 벅찬 결론에 도달하게 됩니다. 우리가 영혼 없는 AI 기술을 적극적으로, 그리고 치열하게 목회 현장에 도입해야 하는 진짜 이유는 무엇입니까?

그것은 역설적이게도 AI가 결코 대신할 수 없는 영역, 즉 목회자의 '대체 불가한 인간적이고 영적인 돌봄의 영역'을 극대화하고 더 강력하게 지켜 내기 위해서입니다.

만약 목사님이 과거에 밤새워 주보를 디자인하고, 설교 예화를 찾기 위해 수십 권의 책을 뒤적이며, 행정 서류를 타이핑하느라 소진했던 10시간의 노동을 AI와 자동화 도구를 통해 단 2시간으로 줄일 수 있게 되었다면, 목사님은 8시간이라는 귀금속 같은 시간을 벌게 된 것입니다.

그렇게 기술의 힘을 빌려 아껴 낸 그 금쪽같은 시간을 어디에 써야 합니까? 결코 넷플릭스 등 OTT를 시청하거나 더 많은 여가 활동을 즐기는 데 써서는 안 됩니다. 목회자는 행정의 시간표에서 확보해 낸 그 남은 시간에, 모니터 전원을 끄고 서재 밖으로 뛰쳐나가 아파하는 성도의 집 문을 두드려야 합니다. 병원에 찾아가 퉁퉁 부은 성도의 손을 한 번 더 꽉 잡아 주어야 합니다. 그리고 아무도 없는 텅 빈 예배당의 차가운 강단에 엎드려, 오늘 밤도 삶의 무게에 짓눌려 신음하는 성도들의 이름을 하나하나 부르며 무릎으로 눈물겨운 기도의 제단을 쌓아야 합니다.

이것이 제가 AI 전문가로서, 그리고 한국 교회를 사랑하는 마음으로 목사님들께 피를 토하듯 드리고 싶은 단 하나의 메시지입니다.

"기계가 더 빠르고 정확하게 할 수 있는 일은 과감히 기계에게 위임하십시오. 그리고 목회자는 오직 사람만이 할 수 있는 일, 아니 오직 '하나님의 심장을 가진 주의 종'만이 할 수 있는 일, 즉 영혼을 가슴에 품고 피 흘리듯 사랑하며 기도하는 그 십자가의 본질에 전 생애를 걸고 전념하십시오."

이것이 우리가 21세기의 최첨단 AI를 낡은 강단 위로 주저없이 도입하는 가장 성경적이고 궁극적인 목적이며, 다가올 미래에도 교회의 생명력을 지켜 낼 확고한 신학적 결론입니다.

이 장을 덮기 전, 목사님의 목회 수첩이나 책상 앞에 다음과 같은 '디지털 목회 헌장'을 적어 두시기를 권합니다.

1 나는 AI를 두려워하지 않고, 다스리는 하나님의 청지기다.

2 AI는 내 설교의 '재료'를 모으는 도구일 뿐, '요리사'는 나이며, '불'을 붙이는 분은 성령이시다.

3 나는 기술로 아낀 시간을 성도의 눈을 바라보고, 하나님의 얼굴을 구하는 데 바치겠다.

4 나는 편리함을 위해 거룩함을 포기하지 않으며, AI의 정보보다 기도의 능력을 더 신뢰한다.

3

사역에 딱 맞는
디지털 부교역자
채용하기

◆

목회는 혼자 하는 것이 아닙니다.
이제 목사님의 텅 빈 목양실에 유능한 부교역자들을 초대하십시오.

필요에 특화된 놀라운 부교역자들

목사님, 상상해 보십시오.

목사님의 목양실 옆에 문이 하나 있습니다. 그 문을 열면 세
명의 유능한 부교역자가 앉아 있습니다.

첫 번째 부교역자는 창의력이 넘칩니다. "이번 주일학교 여
름 캠프 기획안 좀 짜 봐"라고 하면 1분 만에 시간표와 예산안,
레크리에이션 아이디어를 쏟아 냅니다.

두 번째 부교역자는 지독한 학구파입니다. "1세기 고린도 지역의 우상 숭배 문화에 대한 논문을 찾아 줘"라고 하면 정확한 출처와 함께 요약 보고서를 올립니다.

세 번째 부교역자는 글솜씨가 뛰어난 문장가입니다. 목사님이 거칠게 쓴 목회 서신을 건네면, 성도들의 마음을 어루만지는 따뜻하고 정중한 문체로 다듬어 줍니다.

놀랍게도 이들은 월급을 요구하지 않습니다. 불평도 없습니다. 24시간 대기 중입니다. 이들은 바로 우리가 지금부터 채용할 AI 도구들(GPT, 제미나이, 퍼플렉시티, 클로드)입니다.

많은 목회자들이 "AI는 다 똑같은 거 아닙니까?"라고 묻습니다. 아닙니다. 사람마다 은사가 다르듯, AI 모델마다 특화된 '재능'이 다릅니다. 이 장에서는 목사님의 목회 필요에 딱 맞는 '디지털 부교역자'를 선발하고, 그들에게 적절한 업무를 배정하는 법을 안내합니다.

[언어 비서] GPT
창의적인 아이디어 뱅크이자 만능 행정가

가장 먼저 채용해야 할 비서는 전 세계적으로 가장 널리 쓰이는 GPT입니다. 이 친구는 '재기발랄하고 창의적인 다재다능형 부교역자'와 같습니다.

설교 예화의 마르지 않는 샘

설교 준비를 하다 보면 본문 주해는 끝났는데, 이를 성도들의 삶과 연결할 적절한 '예화'가 떠오르지 않아 막막할 때가 있습니다. 예화집을 뒤적거려 보지만, 너무 낡았거나 이미 다 아는 이야기뿐입니다. 이때 GPT는 훌륭한 브레인스토밍 파트너가 됩니다.

> "나는 이번 주일 로마서 8장 28절 '모든 것이 합력하여 선을 이루느니라'를 본문으로 설교할 거야. 요리는 여러 재료가 섞여 맛을 내는 과정이잖아? 이와 비슷하게, 현대 과학(특히 생물학이나 우주 과학)이나 오케스트라의 원리를 사용해서 '고난과 합력'을 설명할 수 있는 참신한 예화 세 가지를 추천해 줘. 너무 뻔한 이야기는 제외해 줘."

이렇게 구체적인 조건을 주면, GPT는 비빔밥 예화 같은 고전적인 것뿐만 아니라, 우리 몸의 면역 체계가 바이러스와 싸우며 강해지는 원리나, 불협화음이 해결음으로 가는 음악적 원리 등을 제시해 줍니다. 목사님은 이 중에서 영적 통찰에 가장 부합하는 것을 선택하여 다듬기만 하면 됩니다.

주보 및 행정 문구의 교정("김 전도사, 오타 좀 봐 주게")

목회자의 글은 신뢰가 생명입니다. 주보나 공문에 오타가 있거나 비문이 섞여 있으면 권위가 떨어집니다. 하지만 혼자서 글을 쓰고 검수까지 하기는 어렵습니다. GPT는 훌륭한 교정 교열가입니다.

작성한 주보 광고 문안이나 칼럼 초안을 붙여 넣고 이렇게 명령하십시오.

> ▯ ✎ "아래 텍스트에서 오타와 띄어쓰기를 수정해 줘. 그리고 문장을 조금 더 정중하고 따뜻한 '목회적 어조'로 다듬어 줘. 핵심 내용은 바꾸지 마."

맨땅에 헤딩하지 않는 행사 기획

전 교인 체육대회, 여름 성경 학교, 크리스마스 행사 등을 할 때 매번 새로운 아이디어를 짜는 것은 고통입니다. GPT에게 '기획 초안'을 맡기십시오.

> ▯ ✎ "우리 교회는 장년 출석 50명 규모의 상가 교회야. 이번 크리스마스이브에 지역 주민들을 초청해서 작은 음악회를 열고 싶어. 예산은 50만 원이야. 1시

간 분량의 큐시트(순서지)를 짜 주고, 적은 예산으로 할 수 있는 데코레이션 아이디어와 초청 문구를 작성해 줘."

GPT는 1분 만에 사회자 멘트, 찬양 리스트, 다과 준비 목록까지 포함된 기획안을 내놓습니다. 물론 이것을 그대로 쓸 수는 없습니다. 하지만 '백지'에서 시작하는 것과 '70점짜리 초안'을 가지고 수정하는 것은 하늘과 땅 차이입니다.

[연구 비서] 퍼플렉시티 & 노트북LM
정직하고 깊이 있는 학구파

GPT의 치명적인 단점은 가끔 그럴싸한 거짓말을 한다는 것입니다. 성경 구절을 섞거나 존재하지 않는 논문을 만들어 내기도 합니다. 강단에서 검증되지 않은 정보를 전하는 것은 목회자에게 치명적입니다. 그래서 '팩트 체크'와 '심층 연구'를 담당할 별도의 비서가 필요합니다. 바로 퍼플렉시티(Perplexity)와 노트북LM(NotebookLM)입니다.

퍼플렉시티: 각주가 있는 검색 엔진

퍼플렉시티는 질문을 던지면 실시간으로 웹을 검색하여 답변을 주고, 문장마다 [1], [2]와 같이 출처를 명시합니다. 이는 신학적 정확성이 요구되는 설교 준비에 최적화된 도구입니다. 설교 배경에 대해 이렇게 명령하십시오.

> □ ✎ "1세기 팔레스타인 지역의 '목자와 양'의 관계에 대한 역사적 자료를 찾고 싶어. 요한복음 10장 배경 연구를 위해, 당시 목자들이 양을 부르는 방식과 '양의 문'의 구조적 특징에 대해 설명해 줘. 반드시 신뢰할 만한 신학 저널이나 주석을 출처로 인용해 줘."

퍼플렉시티는 위키피디아 수준을 넘어, 온라인에 공개된 신학 논문이나 기독교 언론의 아티클을 근거로 답변합니다. 목회자는 링크를 클릭하여 원문을 확인할 수 있어 안전합니다.

노트북LM: 나만의 서재를 통째로 학습시킨 비서

구글에서 만든 노트북LM은 혁명적인 도구입니다. 이것은 인터넷을 검색하는 것이 아니라, 내가 업로드한 자료(PDF, HWP, 텍스트)만을 기반으로 답변합니다.

활용법: 나만의 주석 비서 만들기

1. 목사님이 평소 신뢰하시는 목회자의 설교문 100편, 가지

고 있는 조직신학 PDF 파일, 교단 헌법 파일 등을 노트북 LM에 업로드합니다.

2. 그리고 질문합니다. "업로드된 자료에 근거해서, '예정론'에 대해 우리 교단(자료)의 입장을 정리해 줘."

3. 그러면 AI는 인터넷의 잡다한 정보가 아니라, 목사님이 선별하신 '검증된 자료' 내에서만 답을 찾아 줍니다.

오디오 오버뷰 기능

업로드한 자료를 마치 라디오 팟캐스트처럼 두 명의 AI 진행자가 대화하듯 요약해서 들려줍니다. 운전 중에 내가 읽어야 할 두꺼운 신학 서적이나 회의록을 '듣는 것'으로 소화할 수 있습니다.

[논리 비서] 제미나이 & 클로드
긴 호흡의 글쓰기와 논리적 구조화

글을 쓰는 스타일에도 차이가 있습니다. GPT가 빠르고 명쾌하다면, 클로드는 문학적이고 사색적이며, 제미나이(Gemini)는 구글 생태계와의 연동성이 뛰어납니다.

클로드: 문학적 감수성을 지닌 서기

많은 작가들이 GPT보다 클로드의 작문 실력을 더 높게 평가합니다. 문맥을 이해하는 능력이 뛰어나고, 한국어의 뉘앙스를 더 자연스럽게 구사합니다. 목회 서신과 칼럼을 쓰고 있다면 이렇게 명령해 보세요.

> ☐ ✎ "다음 주 칼럼 주제는 '가을, 낙엽, 그리고 내려놓음'이야. 성도들이 한 해를 마무리하며 욕심을 비우고 하나님께 집중하도록 권면하는 글을 쓰고 싶어. 너무 교훈적이거나 딱딱하지 않게, 에세이처럼 서정적인 문체로 초안을 작성해 줘."

클로드가 쓴 글은 수정할 곳이 많지 않을 정도로 매끄럽고 감동적입니다. 또한 클로드는 매우 긴 텍스트(책 한 권 분량)를 한 번에 입력받아 요약하는 능력이 탁월합니다. 설교 준비를 위해 읽어야 할 긴 논문을 통째로 넣고 "핵심 논지 세 가지와 목회적 적용점을 요약해 줘"라고 하기에 가장 적합합니다.

제미나이: 구글 워크스페이스와 연동된 스마트 비서

만약 목사님이 구글 독스(Google Docs), 구글 시트(Google Sheets), 유튜브를 자주 사용하신다면 제미나이가 최고의 파트너입니다.

- 유튜브 설교 요약: 유명한 목사님의 1시간짜리 설교 영상 링크를 제미나이에게 주며 "이 설교의 3대지와 예화만 요약해 줘"라고 하면 영상을 보지 않고도 내용을 파악할 수 있습니다.
- 실시간 정보 반영: 구글 지도, 구글 항공편 정보 등과 연동되어 단기 선교 준비 시 "태국 치앙마이 비행기 표 가격과 현지 날씨, 추천 선교 베이스 주변 숙소를 표로 정리해 줘" 같은 복합 명령이 가능합니다.

두려움을 내려놓고 올바른 질문을 던질 용기

최고의 AI 도구를 소개받았어도, 막상 프롬프트 창(입력 창) 앞에 서면 머릿속이 하얗게 변하는 '백지 공포'를 느낄 수 있습니다. 이것은 자연스러운 현상입니다. 이 장의 마지막 준비물은 기술이 아니라 '마음가짐'입니다.

'검색'이 아니라 '대화'를 하라

우리는 네이버나 구글 검색에 익숙해서 "로마서 8장 주석", "성탄절 인사말" 등 단어 위주로 입력합니다. 하지만 생성형 AI

는 '사람'처럼 대화할 때 가장 잘 작동합니다.

- (X) "청년부 설교 추천"
- (O) "나는 지금 취업난으로 힘들어하는 20대 청년들에게 위로와 도전을 주는 설교를 하고 싶어. 요셉의 고난 기간을 중심으로 그들에게 용기를 줄 수 있는 설교 제목 다섯 개와 각 제목에 따른 핵심 메시지를 제안해 줄래?"

구체적인 '페르소나'를 부여하라

AI에게 역할을 주면 훨씬 더 전문적인 답을 줍니다.

- "너는 지금부터 30년 차 베테랑 목회 상담학 교수야. 이 관점에서 답변해 줘."
- "너는 창의적인 주일학교 레크리에이션 강사야. 아이들이 지루해하지 않을 방법을 알려 줘."

'티키타카'를 두려워하지 말라

한 번에 완벽한 답을 얻으려 하지 마십시오. AI의 답변이 마음에 들지 않으면 꾸짖으십시오.

- "이 예화는 너무 식상해. 좀 더 최신 트렌드를 반영한 것으로 다시 찾아 줘."

· "성경 해석이 너무 자유주의적이야. 보수적인 개혁주의
   관점에서 다시 정리해 줘."

이렇게 공을 주고받듯 대화를 이어 가며 원하는 결과를 만
들어 가는 과정 자체가 목회자에게는 사고의 확장이 됩니다.

"목사님, 이제 면접은 끝났습니다"

AI 도구들은 이미 책상 앞에 앉아 목사님의 지시를 기다리고
있습니다. "안녕하세요"라고 첫마디를 건네는 순간, 목사님의
목회는 고독한 1인 사역에서 유능한 팀 사역으로 변화할 것입
니다.

중요한 것은 도구의 성능이 아니라, 그 도구를 쥐고 있는 목
사님의 '질문의 깊이'입니다. 질문이 깊어지면 대답도 깊어집니
다. AI는 목사님의 영성을 뛰어넘을 수 없지만, 목사님의 영성
이 더 넓게 흐르도록 수로를 파 줄 수는 있습니다.

이제, 든든한 '디지털 부교역자'들과 함께 본격적으로 설교
준비를 하러 가 보겠습니다. 준비되셨습니까?

🔖 목회자를 위한 디지털 부교역자 채용 가이드 요약

역할	추천 도구	주요 업무
아이디어 뱅크	GPT	설교 예화 브레인스토밍, 행사 기획, 주보 교정, 일반적인 대화
정직한 연구원	퍼플렉시티	설교 배경 지식 탐구, 통계 자료 검색, 논문 인용
개인 서재 사서	노트북LM	내가 가진 자료(설교문) 기반 요약 및 질의응답
문학적 서기	클로드	감성적인 목회 서신 작성, 긴 신학 서적 요약, 자연스러운 한국어 작문
행정 비서	제미나이	유튜브 요약, 구글 문서/시트/메일 자동화, 최신 트렌드 검색

Part
2

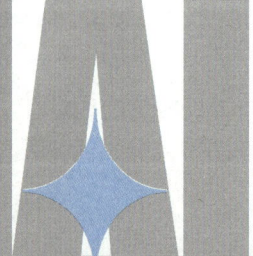

설교의
깊이를
더하는
목회자

4

1세기와 21세기를
잇는
성경 딥 리서치

검색의 시대에서 리서치의 시대로

목사님, 설교 준비를 하면서 가장 고통스러운 순간은 언제입니까?

아마도 본문의 말씀이 '좋은 말씀'이라는 것은 알겠는데, 도무지 2천 년 전의 그 상황이 피부에 와닿지 않을 때일 것입니다. 혹은 본문의 의미는 알겠는데, 이것을 오늘날 스마트폰을 들고 살아가는 성도들의 삶에 어떻게 적용해야 할지 몰라 막막할 때일 것입니다. 이것을 '해석학적 간극'이라고 부릅니다.

1세기의 농경 사회, 명예와 수치 문화, 로마 제국의 압제라는 '그때 거기'의 상황과, 21세기의 정보화 사회, 개인주의, 자본주의 경쟁 사회라는 '지금 여기' 사이에는 거대한 시간과 문화의 강이 흐르고 있습니다.

이 강을 건너기 위해 목회자는 서재에 수십 권의 주석을 쌓아 놓고 씨름합니다. 하지만 시간은 늘 부족합니다. 깊이 있는 역사적 배경을 파고들기엔 주일이 너무 가깝습니다. 결국 시간에 쫓겨 뻔한 예화와 피상적인 적용으로 설교를 마무리할 때, 목회자의 마음 한구석에는 묵직한 돌덩이가 남습니다.

이제 그 짐을 조금 내려놓으십시오. AI는 이 거대한 간극을 메워 줄 강력한 '타임머신'이자 '문화 통역사'가 될 수 있습니다. 이 장에서는 퍼플렉시티와 같은 도구를 활용해 1세기의 깊은 우물에서 생수를 길어 올리고, 그것을 21세기의 언어로 번역하는 '딥 리서치'(Deep Research)의 기술을 다룹니다.

텍스트 뒤에 숨겨진 '세계'를 보라

성경은 진공 상태에서 기록되지 않았습니다. 모든 구절에는 당시의 정치, 경제, 문화, 지리적 맥락이 살아 숨 쉬고 있습니다. 이것을 '삶의 정황'이라 부릅니다. 설교의 깊이는 이 정황을 얼마나 입체적으로 재현해 내느냐에 달려 있습니다.

기존의 방식대로라면 두꺼운 배경 주석 서너 권을 펴 놓고 해당 본문 내용을 찾아 읽어야 했습니다. 하지만 퍼플렉시티를 활용하면 이 과정을 획기적으로 단축하면서도, 생각지 못한 통찰을 얻을 수 있습니다.

퍼플렉시티: 주석보다 빠른 '각주 달린' 검색 엔진

왜 여기서 GPT가 아니라 퍼플렉시티일까요? GPT는 창작에 능하지만, 팩트에는 약할 때가 있습니다. 반면 퍼플렉시티는 질문을 던지면 실시간으로 신뢰할 만한 웹 소스(논문, 신학 저널, 백과사전 등)를 검색하여 답변을 조합하고, 반드시 [1], [2]와 같이 출처를 명시합니다. 설교 강단에서 '카더라 통신'을 전하지 않기 위해 가장 적합한 도구입니다.

입체적 배경 조사를 위한 '3차원 질문법'

단순히 "누가복음 19장 삭개오 배경 알려 줘"라고 묻지 마십시오. 그러면 뻔한 백과사전식 답변만 나옵니다. 지리적/시간적, 사회적/문화적, 경제적/정치적 관점으로 나누어 구체적으로 물어야 합니다.

실전 예시: 누가복음 19장, 돌무화과나무에 올라간 삭개오

본문을 보는 관점 1. 지리적/시간적 배경(팩트)

□ ✎ "누가복음 19장에 나오는 세리장 삭개오 사건을 설교하려고 해. 1세기 여리고(Jericho)라는 도시가 가졌던 경제적 수준(주요 무역품 등)과 로마 제국 치하에서 '세리장'이 축적할 수 있었던 부의 규모 및 사회적 악명의 정도를 알려 줘. 그리고 삭개오가 올라간 '돌무화과나무'가 당시 어떤 형태적 특징을 가졌길래 체면을 중시하는 부자 어른이 쉽게 올라갈 수 있었는지 식물학적, 역사적 자료를 근거로 설명해 줘."

당시 여리고가 최고급 향료인 발삼 향유와 대추야자의 세계적 산지이자 헤롯왕의 겨울 궁전이 있던 '막대한 부의 집결지'였음을 짚어 줍니다. 따라서 그 거대한 상권의 세금을 통괄하던 '세리장' 삭개오는 단순한 동네 세무 직원이 아니라, 오늘날로 치면 지역 마피아 보스급의 막강한 부와 권력을 거머쥔, 그러나 동족에게는 가장 혐오받는 매국노였음을 역사적 사료를 통해 증명합니다.

또한 식물학적 근거를 들어, 뽕나무(돌무화과나무)는 밑동이 매우 굵고 가지가 옆으로 낮게 뻗어 오르기 쉽지만, 주로 가난한 빈민들이 그 열매를 주워 먹던 천한 나무였음을 지적합니다. 즉 삭개오가 이 나무에 올라갔다는 것은 당대

최고의 부자가 자신의 알량한 사회적 체면과 권위 의식을
쓰레기통에 처박고, 오직 예수님을 보기 위해 필사적으로
매달렸던 '극단적인 갈망'의 상태였음을 매우 생생하고 입
체적으로 그려 줍니다.

⌗ 💡 ↻ ☐ ⋮

본문을 보는 관점 2. 사회적/문화적 배경(문화)

☐ ✎

"1세기 고대 근동의 '명예와 수치' 문화 관점에서,
당대 최고의 부자이자 고위 관리(세리장)였던 삭개
오가 예수님을 보기 위해 겉옷을 펄럭이며 군중 속
을 달려가 뽕나무(돌무화과나무)에 기어 올라간 행위
가 사회적으로 얼마나 수치스럽고 파격적인 일이
었는지 분석해 줘. 그리고 당대의 존경받는 랍비(예
수님)가 뭇사람이 혐오하는 '세리의 집'에 자진해서
들어가 유숙하겠다고 선언한 것이, 유대 사회의 정
결법과 '식탁 교제' 문화에서 어떤 충격적인 의미
였는지 세 가지 포인트로 설명해 줘."

1세기 중동 문화에서 체면을 중시하는 성인 남성, 특히 고
위 관리가 다리를 드러내며 '달리는 것'과 짐승처럼 '나무
에 오르는 것'은 극심한 수치로 여겨졌음을 설명합니다.

세리는 로마의 앞잡이이자 부정한 죄인으로 취급받았기에, 랍비가 세리의 집에 들어가 식탁을 함께하는 것은 스스로 '제의적 부정함'을 뒤집어쓰는 거대한 스캔들이었음을 지적합니다.

군중의 수군거림(명예 실추)을 감수하면서까지 가장 수치스러운 죄인의 집에 찾아가신 예수님의 행동은 당시의 율법적 계급과 사회적 장벽을 완전히 붕괴시키는 '파격적인 은혜의 선언'이었음을 보여 줌으로써 설교의 드라마를 강화합니다.

⌕ ⏻ ↻ ▭ ⋮

본문을 보는 관점 3. 경제적/정치적 배경(구조)

▭ ✎ "로마 제국 치하의 1세기 팔레스타인 조세 제도를 바탕으로 삭개오가 어떻게 그토록 막대한 부를 축적할 수 있었는지 경제적/정치적 구조를 설명해 줘. 그리고 삭개오가 회개하며 '내 소유의 절반을 가난한 자들에게 주고, 만일 누구의 것을 속여 빼앗은 일이 있으면 네 갑절이나 갚겠다'고 선언한 것이, 당시 구약의 율법(레위기, 출애굽기)과 로마법에 비추어 볼 때 경제적으로 어떤 의미인지 분석해 줘. (이것이 사실상 전 재산을 포기하는 파산 수준의 결단이었는지 경제적 관점에서 해석해 줘.)"

77

당시 로마의 조세 도급제가 할당량 이상을 거두어 개인의 몫으로 착복하는 합법적 착취 구조였음을 짚어 줍니다. 즉 삭개오의 막대한 부는 동족의 피눈물을 쥐어짠 결과물이었습니다. 더 놀라운 것은 배상의 규모입니다. 율법에 따르면 자발적으로 죄를 뉘우치고 갚을 때는 원금의 120%(원금+5분의 1)만 배상하면 되었습니다(레 6:5). 그러나 삭개오가 선언한 '4배 배상'은 다윗이 나단 선지자 앞에서 말했던 것처럼 고의적이고 악질적인 도둑질(출 22:1)에나 적용되는 가장 가혹한 형벌적 배상입니다. 소유의 절반을 떼어 주고 남은 절반으로 4배를 배상하겠다는 것은, 사실상 자신의 모든 기득권을 내려놓고 완전한 '파산'을 자처하는 뼈를 깎는 회개였음을 시사합니다.

🖐 💡 ↻ ☐ ⋮

이렇게 리서치를 하고 나면, 설교는 완전히 달라집니다. 단순히 "키 작은 부자 아저씨가 예수님을 만나 착해졌다"는 평면적인 동화에서, "동족의 피를 빨아먹던 매국노가 체면을 버리고 나무에 오르는 수치를 감당하고, 자신을 찾아와 부정함을 뒤집어쓰신 예수님의 압도적인 사랑 앞에 자신의 모든 경제적 기득권을 포기(파산)하며 완전히 무너져 내린 구원의 서사시"로 입체적으로 살아납니다.

이 모든 묵직한 배경 지식에 관련한 팩트를 찾는 데, 퍼플렉시티와 함께라면 10분이 채 걸리지 않습니다. 과거 서재에서 먼지 쌓인 주석 수십 권을 뒤적이며 며칠을 소비해야 했던 '딥 리서치'의 과정이 AI라는 날개를 달고 목회자의 강단을 이토록 풍성하고 날카롭게 벼려 주는 것입니다.

21세기 아레오바고에서 복음 전하기

배경 연구가 끝났다면 이제 타임머신을 타고 현재 시간대의 대한민국으로 돌아와야 합니다. 많은 목회자들이 여기서 어려움을 겪습니다. 목회자는 주로 교회 안에서 사역자들과 지내다 보니, 치열한 직장 생활, 육아 전쟁, 취업난을 겪는 성도들의 '언어'와 '현실 감각'을 놓치기 쉽습니다.

AI는 여기서 '가상 페르소나' 역할을 수행합니다. AI에게 특정 성도의 역할을 맡겨 설교의 적용점이 얼마나 현실적인지 테스트해 볼 수 있습니다.

공감의 언어 찾기: "그들에게 나의 설교가 어떻게 들릴까?"

설교가 성도들의 삶에 착륙하지 못하고 공중에서 흩어지는 이유는 그들의 '구체적인 고통'을 건드리지 못하기 때문입니다.

실전 예시: 마태복음 25장, 달란트 비유

보통 이 본문은 "재능을 썩히지 말고 충성 봉사하라"는 식으로 적용됩니다. 하지만 하루하루 성과 압박에 시달리는 직장인에게 이 말씀은 또 다른 '채찍질'로 들릴 수 있습니다. AI를 통해 관점을 바꿔 30대 직장인 역할을 줄 수 있습니다.

□ 🖊 "나는 다음 주에 달란트 비유를 설교하려고 해. 그런데 주 대상이 판교의 IT 기업에서 일하는 30대 개발자와 기획자들이야. 이들은 매일 OKR(성과 목표) 달성 압박과 번아웃, 그리고 실패에 대한 두려움에 시달리고 있어.
1. 이들의 입장에서 '주인이 돌아와 결산한다'는 메시지가 어떻게 들릴지 솔직한 심정을 대변해 줘.
2. 이들에게 '다섯 달란트 남긴 자'의 이야기가 '더 많은 성과를 내라'는 압박이 아니라, '실패를 두려워하지 않는 도전'과 '주인의 신뢰'라는 관점에서 위로가 되려면 어떤 현대적 비유를 드는 것이 좋을까?"

공감: "목사님, 솔직히 '결산한다'는 말을 들으면 연말 인사 고과 시즌이 떠올라 숨이 막혀요. 교회에 와서까지 성과 평가를 받는 기분이에요."
비유의 전환: "주인을 '악덕 사장'이 아니라, 내 잠재력을 믿고 거액의 시드 머니를 투자해 준 '천사 투자자'로 묘사해 보세요. 한 달란트 받은 자는 실패가 두려워 투자를 전혀 집행하지 않은 소심한 경영자였던 거죠. 하나님은 성

공(이윤)보다, 당신이 그 자원을 가지고 세상 속에서 거룩한 모험을 하기를 원하신다는 메시지로 전해 준다면 큰 위로가 될 것 같습니다."

⏻ 💡 ↻ ☐ ⋮

이런 과정을 거치면, 설교는 "열심히 봉사하라"는 율법적 선포에서, "하나님은 당신의 인생이라는 스타트업의 최대 투자자이시며, 당신의 도전을 응원하신다"는 복음적 격려로 변모합니다.

세대별 맞춤형 적용

같은 본문이라도 듣는 대상에 따라 적용은 달라져야 합니다. AI에게 이렇게 요청해 보십시오.

☐ ✎ "이 본문의 핵심 메시지(하나님의 주권적 섭리)를 다음 세 그룹에게 각각 다르게 적용하고 싶어. 각 그룹의 가장 큰 고민과 연결해서 적용 질문을 하나씩 만들어 줘."

1. 취업 준비생(20대 후반): 불확실한 미래와 자존감 하락.
2. 전업 주부(3040세대): 육아로 인한 경력 단절과 정체성 혼란.

> 3. 은퇴를 앞둔 남성(5060세대): 노후 불안과 사회적 역
>   할을 잃었다는 상실감."

취업준비생 맞춤형 적용 질문: "취업의 문이 열리지 않아 스스로 실패자처럼 느껴질 때, 이 막막한 '대기 시간'조차 나를 선한 길로 인도하시는 하나님의 정교한 섭리임을 신뢰하고 있습니까?"

전업주부 맞춤형 적용 질문: "반복되는 육아에 갇힌 것처럼 느껴질 때, 지금 이 좁은 방이야말로 다음 세대를 빚어내시는 하나님의 위대한 섭리의 현장임을 고백할 수 있습니까?"

은퇴를 앞둔 남성 맞춤형 적용 질문: "명함이 사라지면 내 쓸모도 끝난 듯한 두려움이 밀려올 때, 내 인생은 끝이 아니라 하나님의 섭리 안에서 새로운 사명이 시작되고 있음을 기대하고 있습니까?"

AI가 만들어 준 질문들은 목사님이 강단에서 성도 한 사람 한 사람의 눈을 맞추며 심방하듯 설교할 수 있는 강력한 무기가 됩니다.

팩트 체크 프로세스: "이것이 그러한가 하여"(행 17:11)

AI가 아무리 뛰어난 통찰을 주어도, 치명적인 약점이 있습니다. 바로 '환각'(hallucination)입니다. AI는 때때로 존재하지 않는 성경 구절을 만들거나, 엉뚱한 역사적 사실을 진실인 양 말합니다. 강단에서 잘못된 정보가 선포되는 것은 목회자의 신뢰를 무너뜨리는 일입니다.

따라서 목회자는 베뢰아 사람들처럼 "이것이 그러한가 하여" 날마다 성경과 자료를 교차 검증(크로스 체크)해야 합니다. 이를 위한 '3단계 검증 프로세스'를 제안합니다.

3단계 검증 프로세스
Step 1. 출처 요구하기

AI에게 정보를 요청할 때, 처음부터 출처를 요구하는 습관을 들이십시오.

- (X) "루터가 믿음에 대해 뭐라고 했어?"
- (O) "루터가 '이신칭의'에 대해 설명한 핵심 문장을 《로마서 주석》이나 《탁상담화》 중에서 찾아서 인용해 주고, 정확한 출처를 명시해 줘."

Step 2. 교차 검증

AI가 준 정보가 조금이라도 의심스럽다면(특히 예화나 통계 수치), 반드시 구글링이나 신뢰할 만한 주석을 통해 확인해야 합니다.

- 통계의 함정: "한국 기독교인 감소율 통계" 같은 것은 AI가 연도를 헷갈리는 경우가 많습니다. 반드시 원본 기사나 통계청 자료를 직접 확인하십시오.
- 가짜 예화: "아인슈타인이 하나님에 대해 이렇게 말했다더라" 같은 인터넷 루머를 AI는 사실로 가져올 수 있습니다. "이 일화의 원출처가 어디니?"라고 집요하게 물어 사실 여부를 가려내야 합니다.

Step 3. 신학적 필터링

가장 중요한 단계입니다. AI의 해석이 건전한 신학적 범주 안에 있는지 목회자의 눈으로 최종 점검해야 합니다.

- AI는 학습 데이터에 따라 자유주의 신학이나, 번영 신학적인 해석을 내놓을 수도 있습니다.
- AI의 답변을 그대로 복사해서 설교문에 넣지 마십시오. "이 해석이 우리 교단의 신학적 입장(개혁주의, 복음주의 등)과 일치하는가?"를 묻고, 목사님의 신학적 양심이라는 체로 걸러 내야 합니다.

설교자의 땀방울은 사라지지 않는다

|

어떤 목사님들은 걱정하십니다.

"AI로 자료를 찾고 적용점을 찾으면, 설교 준비가 너무 쉬워지는 것 아닙니까? 설교는 산고(産苦)의 고통이 있어야 하는데…."

목사님, 오해하지 마십시오. 딥 리서치는 설교 준비를 '쉽게' 하려는 것이 아니라, '더 깊게' 하기 위함입니다.

과거에 자료를 찾느라 도서관을 뒤지고, 구글링을 하느라 보냈던 5시간을 10분으로 줄였다면, 이제 남은 4시간 50분 동안 무엇을 해야 합니까? 그 시간은 '묵상'과 '기도'로 채워져야 합니다.

AI가 찾아 준 1세기의 배경지식을 붙들고, 그 안에 담긴 하나님의 마음을 느끼기 위해 씨름해야 합니다. AI가 제안한 30대 직장인의 아픔을 내 가슴에 품고, 그들을 위해 눈물로 중보해야 합니다.

기술은 '재료'를 모아 줄 뿐입니다. 그 재료를 영혼을 살리는 '양식'으로 바꾸는 것은 오직 성령의 기름 부으심을 구하며 강단에 엎드리는 목회자의 땀과 눈물입니다.

AI라는 타임머신을 타고 1세기로 날아가십시오. 그리고 AI라는 통역사를 데리고 21세기의 성도들 속으로 들어가십시오. 그 두 세계가 만나는 지점에서, 목사님의 설교는 전에 없던 생명력을 얻게 될 것입니다.

다음 주 설교 본문을 정하고, 퍼플렉시티를 열고 다음 세 가지 질문을 던져 보십시오. 그리고 받은 답변을 기반으로 말씀을 딥 리서치해 보십시오(GPT, 제미나이, 클로드).

1 이 본문의 역사적/문화적 배경 중 내가 몰랐던 사실은 무엇인가? (출처 포함)

2 이 말씀을 오늘날 가장 듣기 거북해할(또는 이해하기 힘들어 할) 대상은 누구이며, 그 이유는 무엇인가?

3 그들에게 이 말씀을 '복음'으로 들리게 할 적절한 현대적 은유는 무엇인가?

5

원어의 바다를 항해하는 법

◆

성경은 히브리어와 헬라어라는 옷을 입고 우리에게 왔다.
그 옷자락을 만지는 자는 번역본 너머에 숨겨진
하나님의 심장 고동 소리를 듣게 될 것이다.

신학의 거장들과 함께 원어로 소통하는 법

목사님, 신대원 시절을 기억하십니까?

알레프, 베트, 감마, 델타를 외우며 밤을 지새우던 그 뜨거웠던 시절 말입니다. 그때 목사님은 다짐하셨을 것입니다. "나는 평생 원어를 놓지 않고, 하나님의 말씀을 깊이 파내는 설교자가 되리라."

하지만 목회 현장은 녹록지 않습니다. 새벽 예배 설교하랴, 심방하랴, 행정 처리하랴…. 헬라어 성경을 펼칠 시간은커녕 한글 성경 읽을 시간도 부족한 것이 현실입니다.

어느새 서재 한구석의 원어 성경과 두꺼운 사전에는 먼지가 쌓여 갑니다. 설교 준비를 할 때도 원어의 깊은 의미를 캐내기보다는, 익숙한 주석의 내용을 대충 훑어보고 강단에 서는 자신을 발견하며 깊은 한숨을 내쉬곤 합니다.

"목사님, 다시 원어의 바다로 뛰어들 수 있습니다."

이제 20년 전처럼 무거운 사전을 끙끙거리며 뒤적일 필요가 없습니다. AI는 목사님의 잃어버린 원어 실력을 보완해 줄 가장 강력한 '개인 튜터'이자 '주해 조교'입니다.

이 장에서는 단순히 단어 뜻을 찾는 것을 넘어, 문법의 뉘앙스를 파악하고, 성경 66권을 관통하는 맥락을 연결하며, 역사 속 신학의 거장들과 대화하는 '디지털 주해'의 기술을 소개합니다.

성경 원어, 깊이 있고 생생하게 복원하라

|

많은 목회자들이 원어 설교를 주저하는 이유는 '자신감 부족' 때문입니다. '내가 파싱(Parsing, 문법 분해)을 잘못해서 엉뚱한 소리를 하면 어떡하지?'라는 두려움 때문입니다. 하지만 AI는 이 두려움을 확신으로 바꿔 줍니다.

AI(특히 GPT, 제미나이, 클로드, 퍼플렉시티)는 웬만한 신학대학원생보다 빠르고 정확하게 단어를 분석합니다. 중요한 것은 '어떻게 질문하느냐?'입니다. 단순히 "이 단어의 뜻이 뭐야?"라고 묻는 것은 하수입니다. 설교자는 단어의 '역사', '범위', 그리고 '문법적 뉘앙스'를 물어야 합니다.

단어의 깊이를 파내는 '3단계 질문법'

설교의 깊이는 단어 하나를 얼마나 입체적으로 설명하느냐에 달려 있습니다.

실전 예시: 로마서 12장 2절 "이 세대를 본받지 말고"
1단계: 어원과 이미지 찾기

> ☐ ✎ "로마서 12장 2절의 '본받지 말고'에 해당하는 헬라어 원어(mē syschēmatízesthe)의 어원을 분석해 줘. 이 단어가 당시 세속 헬라 문헌이나 다른 성경 구절에서 쓰일 때, 어떤 구체적인 이미지나 은유를 담고 있는지 설명해 줘. 설교 때 그림 그리듯 설명하고 싶어."

이 단어가 '스키마'(Schema), 즉 '외형적인 틀'에서 유래했음을 알려 줍니다. 그리고 이것이 마치 '가면을 쓰다' 혹은 '거푸집에 쇳물을 부어 모양을 찍어 내다'라는 뉘앙스임을 설명합니다.

☖ ☗ ↻ ☐ ⋮

설교자는 이를 통해 "세상이 만든 거푸집에 여러분의 인생을 부어 넣지 마십시오"라는 강력한 예화를 얻게 됩니다.

2단계: 문법적 뉘앙스 포착하기

> "이 동사의 시제(Tense)와 태(Voice)를 분석해 줘. 특히 '현재 수동태 명령형'이라는 문법적 특징이 이 구절의 해석에 어떤 신학적 의미를 더하는지 설명해 줘. 이것이 일회적인 행동인지, 아니면 지속적인 상태를 의미하는지 알려 줘."

"'현재 시제 명령법'은 '하던 행동을 멈추라'는 의미를 내포합니다. 즉 바울은 성도들이 이미 세상의 틀에 맞춰지고 있는 상태임을 전제하고, '지금 당장 그 동화(Assimilation) 과정을 중단하라'고 외치고 있음을 알게 됩니다. 이것은 단순한 권유가 아니라 긴급한 명령입니다."

3단계: 의미의 범위 확장하기

> "이 단어와 대조되는 2절 하반 절의 '변화를 받아'

(metamorphoústhe)를 比較해 줘. '스키마'(외형적 변화)와 '메타모르포시스'(본질적 변화)의 차이를 나비의 변태 과정이나 예수님의 변화산 사건과 연결해서 설명해 줄 수 있어?"

겉모습만 꾸미는 '가면무도회'(syschēmatizō)와, 애벌레가 나비가 되듯 내면이 완전히 바뀌는 '변형'(metamorphoō)을 대조하여 설교의 대지를 명확하게 잡아 줍니다.

생생하게 히브리어의 맛(Taste) 살리기

구약의 히브리어는 그림 언어입니다. AI를 통해 그 그림을 복원하십시오.

"시편 23편의 '부족함이 없으리로다'에서 '부족하다'(chaser)라는 단어가 광야 생활에서 물이 고갈되거나 양식이 떨어지는 상황과 어떻게 연결되는지 설명해 줘."

이렇게 원어를 분석하면, 설교는 건조한 훈계가 아니라 생생한 그림이 됩니다. 성도들은 '목사님이 어려운 헬라어를 쓰셨다'고 느끼는 것이 아니라, '말씀이 내 눈앞에 펼쳐지는 것 같다'고 느끼게 됩니다.

관주의 재발견, 성경 전체가 춤추게 하라

|

훌륭한 설교는 본문 하나만 파는 것이 아니라, 그 본문을 통해 성경 전체를 조망하는 설교입니다. 이것을 '성경 신학적 설교'라고 합니다.

과거에는 관주 성경을 일일이 찾아가며 손가락으로 페이지를 넘겨야 했습니다. 혹은 '성구 사전'에서 단어를 검색해 나열된 구절을 눈이 빠지게 읽어야 했습니다. 하지만 AI는 이 방대한 연결 작업을 순식간에 해냅니다.

하이퍼링크 설교 준비

AI에게 단어 검색을 넘어, 개념 연결을 요청하십시오.

실전 예시: '성전'(Temple) 개념 설교

만약 목사님이 고린도전서 3장 16절 "너희가 하나님의 성전인 것과…"를 설교한다고 가정해 보겠습니다.

· 기존 방식: "성전"이라는 단어가 들어간 구절만을 나열

합니다.

· AI 활용 방식(성경 신학적 연결): AI에게 개념 연결을 명령합니다.

> "'성전'이라는 주제로 구속사적 관점의 설교를 하고 싶어. 에덴동산이 어떻게 최초의 성전이었는지, 출애굽기의 성막과 솔로몬 성전이 무엇을 예표했는지, 예수님이 요한복음 2장에서 자신을 성전이라 하신 의미가 무엇인지, 그리고 결론적으로 고린도전서 3장에서 '우리'(성도)가 성전 된 것이 요한계시록 21장의 새 예루살렘과 어떻게 연결되는지, 이 흐름을 '하나님의 임재 처소의 이동'이라는 관점에서 하나의 스토리라인으로 엮어 줘."

이렇게 요청하면 AI는 창세기부터 요한계시록까지 관통하는 거대한 구속사의 물줄기를 잡아 줍니다. 목사님은 이 뼈대 위에 살을 붙이기만 하면 됩니다. 성도들은 오늘 본문이 갑자기 튀어나온 말씀이 아니라, 창세전부터 계획된 하나님의 거대한 퍼즐 조각임을 깨닫고 전율하게 됩니다.

신구약의 메아리 찾기

신약의 저자들은 구약에 정통했습니다. 신약 본문 뒤에 숨겨진 구약의 배경을 찾아내는 것은 설교의 깊이를 더하는 핵심 기술입니다. 이렇게 물어 보십시오.

> ☐ 🖉 "마가복음 4장에서 예수님이 풍랑을 잠잠케 하시는 장면을 설교할 거야. 이 장면이 구약 요나서의 사건이나 시편 107편(광풍을 고요하게 하시는 하나님)과 어떤 문학적, 신학적 유사성이 있는지 비교해 줘. 특히 제자들의 반응과 요나의 반응을 대조해서 '믿음'에 대한 통찰을 줘."

AI는 두 본문을 나란히 놓고 비교하며, 예수님이 요나보다 더 크신 분임을 드러내는 포인트를 정확히 짚어 줍니다.

500년의 지혜를 내 서재로

설교 준비의 마지막 단계는 '검증'과 '풍성함'입니다. 내가 묵상한 내용이 너무 주관적이지는 않은지, 혹은 내가 놓친 통찰은 없는지 확인해야 합니다. 이때 필요한 것이 주석입니다.

하지만 전집을 다 살 돈도, 그것을 다 읽을 시간도 없습니다. 다행히 대부분의 고전 주석은 AI가 이미 학습하고 있습니다. 이제 AI를 통해 존 칼빈(John Calvin), 마르틴 루터(Martin Luther), 찰스 스펄전(Charles Spurgeon), 매튜 헨리(Matthew Henry)를 목사님의 목양실 원탁 회의에 초대하십시오.

가상 원탁 회의 개최하기

AI에게 다양한 신학적 관점을 비교해 달라고 요청하십시오.

실전 예시: 야고보서 2장, 행함이 없는 믿음

☐ ✎ "나는 야고보서 2장 24절 '사람이 행함으로 의롭다 하심을 받고 믿음으로만은 아니니라'라는 구절로 설교를 하려고 해. 이 구절은 자칫 바울의 이신칭의와 충돌하는 것처럼 보여서 조심스러워. 다음 세 명의 신학자가 이 구절을 어떻게 해석했는지 요약하고 비교해 줘.

마르틴 루터: 야고보서를 '지푸라기 서신'이라 불렀던 그의 초기 관점과 그 이유.

존 칼빈: 믿음과 행위의 관계를 어떻게 조화시켰는지(칭의와 성화의 관점에서).

찰스 스펄전: 이 본문을 가지고 성도들에게 어떻게 실천적으로 설교했는지 그의 예화나 적용점.

그리고 결론적으로 개혁주의 관점에서 바울과 야고보가 모순이 아니라는 점을 설명할 수 있는 핵심 논리를 정리해 줘."

"루터: 칭의의 교리를 수호하기 위해 격렬하게 반응했으나, 참된 믿음은 반드시 선행을 낳는다는 점을 부인하지 않았음.

칼빈: '우리는 믿음으로만(sola fide) 의롭다 함을 얻지만, 의롭다 함을 얻는 믿음은 결코 혼자 있지 않다'는 명언을 인용하며, 믿음의 '열매'로서의 행위를 강조함.

스펄전: '숨 쉬지 않는 사람이 시체이듯, 행함 없는 믿음은 죽은 것이다'라는 강력한 비유를 통해 명목상의 그리스도인들을 깨우침."

🔥 💡 ↻ ☐ ⋮

목사님은 이 답변을 보며 500년 신학의 정수를 5분 만에 흡수할 수 있습니다. 그리고 설교 강단에서 "칼빈은 이렇게 말했습니다" 하며 성도들에게 깊이 있는 신학의 우물물을 길어 먹일 수 있습니다.

설교의 언어로 번역하기

신학적 내용은 딱딱하기 쉽습니다. 이때 '설교의 황태자' 스펄전의 화법을 빌려 올 수 있습니다.

> "내가 준비한 이 딱딱한 교리적 설명(예정론)을, 찰스 스펄전 목사님이 런던의 노동자들에게 설교하듯이, 감동적이고 호소력 짙은 문제와 비유로 다시 작성해 줘."

AI는 논리적인 글을 가슴을 울리는 설교문으로 윤색해 줍니다. 이것은 표절이 아닙니다. 거장의 '수사학'을 배우는 것입니다.

AI는 안경이다

많은 목회자들이 묻습니다. "AI가 이렇게 다 해 주면, 목회자는 무엇을 합니까?" 그렇지 않습니다. AI는 '해 주는' 존재가 아니라 '보여 주는' 존재입니다.

노안이 온 어르신에게 돋보기를 드린다고 해서, 돋보기가 책을 대신 읽어 주는 것은 아닙니다. 돋보기는 글자를 선명하게 보여 줄 뿐, 읽고, 이해하고, 감동하고, 살아 내는 것은 사람의 몫입니다.

AI라는 고성능 돋보기를 통해 우리는 세 가지를 할 수 있습니다.

1. 흐릿했던 '원어의 뉘앙스'를 선명하게 봅니다.

2. 끊어졌던 '성경의 맥락'을 다시 잇습니다.

3. 멀리 있던 '신학 거장들의 목소리'를 곁에서 듣습니다.

하지만 기억하십시오. 파싱은 AI가 할 수 있어도, 그 단어를 붙들고 '파르르' 떨며 회개하는 것은 목사님만이 할 수 있습니다. 관주는 AI가 찾아 줄 수 있어도, 그 말씀의 줄기를 타고 흐르는 하나님의 피 묻은 사랑을 느끼는 것은 목사님의 심장만이 할 수 있습니다.

서핑하지 말고, 다이빙하십시오. AI가 원어의 바다 위에 서핑 보드를 띄워 줄 것입니다. 하지만 물안경을 쓰고 깊은 곳으로 잠수하여 진주를 캐내는 것은 오직 목회자의 거룩한 호기심과 영적 갈급함에 달려 있습니다.

자, 이제 돋보기를 들고 다시 성경을 펼쳐 보십시오. 2천 년 전 기록된 그 말씀이 살아서 꿈틀거리는 장면을 보게 될 것입니다.

🔷 실전 과제: 원어 설교 맛보기

설교 핵심 단어 조사하기

다음 주 설교 본문 중 가장 핵심이 되는 단어 하나를 선정하십시오. 그리고 AI에게 그 단어의 '어원', '이미지', '문법적 시제'를 묻고, 그것이 본문 해석을 어떻게 풍성하게 만드는지 메모해 보십시오. 원어 설교의 맛을 다시 느끼게 될 것입니다.

6

대필이 아닌
통찰을 돕는
설교 파트너

◆

설교자는 '앵무새'가 되어서는 안 된다. 그러나 고립된 섬이 되어서도 안 된다.
AI는 당신의 생각을 훔치는 도둑이 아니라,
당신의 막힌 생각을 뚫어 주는 '영감의 스파링 파트너'다.

깜빡이는 커서 앞에서 느끼는 유혹

설교 표절의 유혹은 언제 찾아올까요? 영성이 부족할 때가 아닙니다. 시간이 부족하고, 아이디어가 고갈되었을 때 찾아옵니다.

토요일 오후, 모니터의 흰 화면은 눈밭처럼 시린데 커서는 깜빡거립니다. 본문은 정해졌지만, 첫 문장을 어떻게 시작해야 할지, 대지를 어떻게 나눠야 논리적일지 도무지 떠오르지 않습니다.

그때 우리는 '설교 예화 사이트'를 기웃거리거나, 유명 목사님의 설교집을 펼치고 싶은 유혹을 느낍니다. '이 예화만 살짝 바꿀까? 이 대지만 가져올까?' 이것은 죄책감을 동반합니다. 남의 영성을 훔치는 기분이기 때문입니다.

하지만 AI를 활용하는 것은 다릅니다. 이 장에서 소개할 AI 활용법은 AI가 써 준 글을 그대로 베끼는 것이 아닙니다. 오히려 AI와 치열하게 토론하며 내 안에 잠자고 있던 통찰을 깨우는 과정입니다.

우리는 AI를 '대필 작가'로 고용하지 않을 것입니다. 우리는 AI를 '브레인스토밍 파트너'이자 '생각의 도화선'으로 채용할 것입니다. 철이 철을 날카롭게 하는 것같이(잠 27:17), AI라는 날카로운 지성이 목사님의 영성과 부딪쳐 거룩한 불꽃을 일으키는 과정을 소개합니다.

설교 아웃라인 잡기

설교 작성에서 가장 많은 시간이 걸리는 단계는 '아웃라인'(뼈대)을 잡는 것입니다. 집을 지을 때 설계도가 정확해야 하듯, 설교도 대지가 명확해야 성도들이 길을 잃지 않습니다.

여기서 우리는 제미나이 젬스(Gems)나 GPT의 맞춤 설정 기능을 활용하여 나만의 '설교학 교수님'을 만들 것입니다.

나만의 '설교 코칭 봇' 만들기(제미나이 젬스 활용)

범용 AI는 너무 일반적인 대답을 합니다. 목사님만의 신학적 색깔과 설교 스타일을 학습시킨 '전용 봇'을 만들어야 합니다. 구글의 제미나이 유료 버전이나 GPT 유료 버전을 사용하고 있다면, 다음과 같이 명령하여 설정을 저장해 보십시오.

> "너는 지금부터 20년 차 베테랑 설교학 교수이자, 개혁주의 신학을 따르는 목회자야. 너의 임무는 내가 설교 본문과 주제를 던지면, 가장 논리적이고 은혜로운 '3대지 설교 아웃라인'을 제안하는 거야. 단, 다음 원칙을 지켜 줘.
>
> 본문 중심: 모든 대지는 철저히 본문 안에서 나와야 해.
> 점층적 구조: 1대지는 현상/문제, 2대지는 원인/신학적 이유, 3대지는 해결/적용으로 나아가야 해.
> 청중 중심: 신학 용어를 남발하지 말고, 현대인이 이해할 수 있는 언어로 제목을 잡아 줘."

이렇게 한 번만 설정해 저장해 두면, 매주 설교 준비 때마다 이 봇을 불러내기만 하면 됩니다.

글이 막힐 때 설교 논리 점검하기

봇에게 "설교 써 줘"라고 하지 마십시오. "내 논리를 점검해 줘"라고 하십시오.

실전 예시: 느헤미야 1장, 무너진 성벽과 기도

목사님이 대략적인 구상을 가지고 있다고 가정하겠습니다. "느헤미야가 기도를 시작했다는 점을 강조하고 싶은데…." 그런데 2대지와 3대지가 연결이 잘 안됩니다. 이때 봇에게 묻습니다.

"다음 주 본문은 느헤미야 1장이야. 1대지로는 '무너진 현실을 직시하는 용기'를 잡았고, 3대지로는 '기도로 시작하는 재건'을 잡았어.
그런데 그 사이를 연결하는 2대지(징검다리)가 약해. 현실 인식에서 기도로 넘어가기 위해 느헤미야가 하나님께 보였던 반응이나 태도 중, 본문에서 찾을 수 있는 '신학적 연결 고리'를 세 가지만 제안해 줘."

"언약의 기억: 느헤미야는 무작정 기도한 것이 아니라, 신명기의 약속을 기억하고 붙들었습니다(기억함).
공동체적 회개: '나와 내 아버지의 집이 범죄하여'라며 민족의 죄를 나의 죄로 끌어안았습니다(동일시).

목사님은 목록을 보며 "아! 동일시와 경외함이 빠졌구나!" 하며 무릎을 탁 치게 됩니다. AI는 설교를 대신 써 준 것이 아닙니다. 목사님이 미처 보지 못한 '논리의 빈칸'을 찾아 준 것입니다. 이것은 표절이 아닙니다. 협업입니다.

다양한 설교 형식 실험하기

매주 '첫째, 둘째, 셋째' 식의 대지 설교만 하면 성도들도 지루해합니다. 때로는 이야기식 설교나 원 포인트 설교가 필요합니다.

🔖 🖊 "다음 주일은 청년 주일이야. 같은 느헤미야 본문이지만, 딱딱한 대지 설교 말고, 'TED 강연' 스타일이나 '스토리텔링' 형식으로 구성해 보고 싶어.
느헤미야를 페르시아 왕궁의 엘리트 공무원으로 묘사하면서, 그가 겪었던 '내면의 갈등과 결단의 드라마'를 중심으로 도입-전개-위기-절정-결말의 구조를 짜 줘."

AI는 놀랍도록 창의적인 플롯을 제공합니다. 목사님은 이 구조를 보며 "그래, 다음 주는 이렇게 접근해 보자!"라는 창조적 용기를 얻게 됩니다.

진부한 예화는 그만!
노트북LM으로 '나만의 자료' 채굴하기

"어느 날 개구리가 뜨거운 물에…"

"솔개가 부리로 알을 깨고 태어나듯이…"

제발 멈춰 주십시오. 10년 전, 20년 전부터 쓰던, 심지어 과학적으로 틀린 예화들이 아직도 강단에서 흘러나옵니다. 성도들은 스마트폰으로 팩트 체크를 하며 속으로 비웃고 있을지도 모릅니다.

진짜 좋은 예화는 예화집에 있지 않습니다. 목사님이 읽었던 책, 스쳐 지나간 뉴스, 일기장에 적어 둔 단상, 감동받은 칼럼 속에 있습니다. 문제는 그것들이 어디 있는지 기억이 안 난다는 것입니다.

여기서 노트북LM이 등장합니다. 이것은 '나만의 디지털 서재 사서'입니다.

나만의 예화 데이터베이스 구축하기

1. 자료 수집: 평소에 읽은 신학 서적(PDF), 감명 깊게 읽은 인문학 칼럼, 뉴스 스크랩, 목사님이 썼던 지난 10년 치 설교문, 묵상 노트 등을 파일로 모으십시오.

2. 업로드: 구글 노트북LM에 이 파일들을 통째로 업로드합니다. (최대 50개 소스, 각 PDF 파일 300mb까지 가능)

3. 준비 완료: 이제 AI는 인터넷의 잡동사니가 아니라, 오직 목사님이 선택한 양질의 자료 안에서만 답을 찾습니다.

키워드로 '숨은 보석' 캐내기

설교 준비 중 '기다림'에 대한 예화가 필요하다고 가정해 보겠습니다. 나쁜 질문을 하면 흔하디흔한 이야기나 출처 불명의 인터넷 썰을 들려 줍니다.

> ☐ ✎ "기다림에 대한 감동적인 예화 알려 줘."

> "강태공, 본명은 강상(姜尙)이었습니다. 그는 젊은 시절부터 큰 뜻을 품었지만, 현실은 그렇지 않았습니다. 나이가 들도록 제대로 쓰임 받지 못했고, 세상 기준으로 보면 실패한 인생처럼 보였습니다 …."

내가 모아 둔 자료를 활용해 달라는 좋은 질문을 던져야 합니다. 노트북LM에게 이렇게 질문해 보십시오.

□ ✎ "내가 업로드한 자료들(인문학 서적, 내 독서 노트) 중에서 '기다림'이나 '인내', '숙성'과 관련된 문장이나 에피소드를 찾아 줘. 특히 자연의 원리나 예술가의 작업 방식과 관련된 것이면 더 좋겠어. 정확한 출처(책 제목, 페이지)와 함께 인용해 줘."

노트북LM(NotebookLM)은 목사님이 3년 전 읽고 잊어버렸던 책 《가문비나무의 노래》(마틴 슐레스케)의 예전 메모인 "척박한 환경은 가문비나무가 생존하는 데는 고난이지만, 울림에는 축복입니다. 메마른 땅이라는 위기를 통해 나무들이 아주 단단해지니까요"라는 예화를 찾아냅니다.

이 예화는 남의 것이 아닙니다. 목사님이 과거에 읽고 감동하여 저장해 두었던, 목사님의 지적 자산입니다. AI는 단지 망

각의 창고에서 먼지 쌓인 보석을 찾아 닦아서 건네주었을 뿐입니다. 이것이 바로 '표절 없는 인용'의 핵심입니다.

하이브리드 연결-과학과 신학의 만남

창의성은 서로 먼 것을 연결할 때 나옵니다. 노트북LM에 '최신 과학 잡지 기사'와 '조직신학 책'을 같이 활용해 보십시오.

> ☐ ✎ "양자 역학의 '양자 얽힘' 개념(소스 A)과 우리가 기도할 때 일어나는 '성령의 교통하심'(소스 B) 사이에 어떤 비유적 공통점이 있을까? 현대인들에게 중보 기도의 원리를 과학적 비유로 설명하고 싶어."

이런 시도를 통해 목사님의 설교는 뻔한 이야기를 넘어, 지성인들을 매료시키는 지적이고 영적인 통찰로 발전합니다.

제3의 시선, 완성된 설교 속 허점 찾기

설교가 표절이 되는 가장 근본적인 이유는 무엇일까요? 설교자가 그 말씀을 '먹지' 않고 '유통'만 하려 하기 때문입니다. 에스겔이 두루마리를 먹었듯이(겔 3:1), 말씀이 목회자의 내면을 통과하여 나올 때 그것은 표절이 아닌 '육화된 말씀'이 됩니다.

AI는 여기서 '영적 거울' 역할을 해 줄 수 있습니다.

설교자의 위선을 공격하라

설교 준비를 마칠 즈음, AI에게 가장 무서운 요청을 하십시오.

> □ ✎ "나는 다음 주에 '용서'에 대해 설교하려고 해. 본문은 일흔 번씩 일곱 번이라도 용서하라는 말씀이야. 설교문 요약은 아래와 같아.
>
> 자, 이제 너는 나를 가장 잘 알고, 나의 위선을 꿰뚫어 보는 '내면의 소리'가 되어 줘. 이 설교를 준비하는 목회자인 내가 '스스로를 속이고 있을지 모르는 지점', 혹은 강단에서 설교는 하지만 정작 삶에서는 실천하기 가장 어려운 '모순적인 포인트' 세 가지를 아주 날카롭고 직설적인 질문으로 던져 줘. 내 뼈를 때려도 좋아."

> ⟳ "강단에서는 원수를 사랑하라고 외치지만, 지난주 당회 때 목사님 의견에 반대했던 그 장로님을 마음속으로 이미 '적'으로 규정하지 않았습니까? 그분도 용서의 대상입니까, 아니면 '사역의 방해물'입니까?"
>
> "일흔 번씩 일곱 번 용서하라고 하셨는데, 목사님은 사모님의 똑같은 잔소리에 몇 번까지 참으셨나요? 혹시 세 번

째부터 화를 내진 않으셨나요?"

(이모지 아이콘들)

이 질문을 받는 순간, 목회자는 쥐구멍에 숨고 싶어집니다. 그리고 무릎을 꿇게 됩니다. "주여, 저는 설교할 자격이 없습니다. 저부터 용서해 주소서."

이 회개의 눈물이 설교 원고에 스며들 때, 그 설교는 비로소 '하나님의 말씀'이 됩니다. AI가 던진 질문이 목회자를 기도의 자리로 몰아넣은 것입니다.

청중의 마음을 읽어라

또한 AI를 통해 내 설교를 듣게 될 성도들의 '거부감'을 미리 시뮬레이션할 수 있습니다.

> "이 설교를 '교회의 위선에 상처받아 떠나기 직전인 가나안 성도'가 듣는다면, 어느 부분에서 가장 반발심을 느낄까? 그들의 냉소적인 마음을 대변해서 내 설교를 비판해 줘."

미리 매를 맞으면, 설교가 겸손해집니다. "여러분, 저도 이 말씀대로 살기가 참 힘듭니다. 하지만 우리 함께 해 봅시다"라는 진정성 있는 멘트는 이런 치열한 자기 성찰의 과정에서 나옵니다.

표절이 아닌 '창조적 재구성'으로의 설교

이 장을 맺으며, 우리는 '창조적 영감'과 '표절'의 경계를 다시한 번 명확히 해야 합니다.

- 표절: AI가 내놓은 결과물(텍스트)을 생각 없이 긁어다 붙여서 내 것처럼 말하는 것. 이는 게으름이자 도둑질입니다.
- 영감: AI가 던진 질문, AI가 찾아 준 자료, AI가 제안한 구조를 '재료' 삼아, 나의 묵상과 기도, 그리고 나의 언어로 다시 반죽하고 구워 내는 것. 이것은 '거룩한 요리'입니다.

설교자는 '요리사'입니다. AI는 신선한 채소를 다듬어 주고, 최고의 식재료를 시장에서 사다 주는 '보조 셰프'일 뿐입니다. 재료가 아무리 좋아도, 불을 조절하고 간을 맞추며, 손님(성도)을 생각하는 마음으로 요리를 접시에 담아 내는 것은 오직 메인 셰프인 목사님의 몫입니다.

"AI의 도움을 받으십시오. 그러나 AI에게 마이크를 넘기지는 마십시오."

목사님이 땀 흘려 반죽하지 않은 빵은 성도들의 영혼을 배불릴 수 없습니다.

하지만 AI라는 도구를 통해 반죽의 재료가 풍성해진다면, 그리고 그 과정에서 목사님이 더 깊이 고민하고 기도하게 된다면, 그것은 분명 하나님이 기뻐하시는 '지혜로운 청지기'의 모습일 것입니다.

🔷 실전 과제: 내 설교 속 허점 찾기

1 나만의 봇 만들기

오늘 당장 GPT나 제미나이에 접속하여 "너는 설교학 교수야"라고 역할을 부여하고 저장해 두십시오.

2 질문 던지기

다음 주 설교 본문을 던져 주고, "이 본문에서 내가 놓치고 있는 의외의 포인트가 뭘까?"라고 물어보십시오. 그 대답이 목사님의 뇌를 자극하는 순간을 경험해 보십시오.

3 자아 비판하기

설교문이 완성되면, AI에게 "이 설교의 논리적 허점을 공격해 줘"라고 요청하고, 그 공격에 대비하는 기도를 드리십시오.

7

성도의 영혼을 울리지 못하는 AI 설교

♦

설교자는 하나님의 말씀을 대언하는 자이지, 데이터베이스를 낭독하는 자가
아니다. 기술이 강단 앞까지는 올 수 있어도, 강단 위로 올라오게 해서는
안 된다. 그곳은 오직 '불'과 '피'가 있는 곳이어야 하기 때문이다.

편리함의 끝에서 만난 달콤한 유혹

목사님, 우리는 앞선 장들에서 AI가 얼마나 유능한 비서인지
확인했습니다. AI는 1초 만에 1세기 팔레스타인의 지도를 그
려 주고, 500년 전 칼빈의 주석을 요약해 주며, 창의적인 예화
를 쏟아 냅니다.

이 편리함에 취하다 보면, 어느 순간 목회자의 내면 깊은 곳
에서 달콤하고도 치명적인 유혹의 속삭임이 들려옵니다.

"이 정도 퀄리티면… 그냥 이거 읽어도 되지 않을까?"

"이번 주는 너무 바쁘니까, AI가 써 준 원고를 조금만 다듬어서 다음 주에 설교하자."

바로 이 지점입니다. 여기가 바로 목회자가 멈춰 서야 할 '금단의 선'입니다. 이 선을 넘는 순간, AI는 더 이상 도구가 아니라 목회자의 영혼을 잠식하는 우상이 됩니다.

이 장의 내용은 기술 사용법 매뉴얼이 아닙니다. 이것은 목회자의 영적 생존을 위한 '긴급 경보'이자, AI 시대에 설교의 본질을 지키기 위한 '신학적 변증'입니다. 왜 AI가 써 준 매끄러운 설교문이, 투박하더라도 눈물로 쓴 목사님의 설교문을 이길 수 없는지, 그 영적인 비밀을 파헤쳐 봅니다.

왜 AI 설교는 영혼을 울리지 못하는가

최근 유튜브에는 "AI가 쓴 설교"라는 제목의 영상들이 올라옵니다. 들어 보면 놀랍습니다. 문장은 유려하고, 논리는 정연하며, 신학적으로도 (대체로) 흠잡을 데가 없습니다.

그런데 이상합니다. '아, 그렇구나' 하고 고개는 끄덕여지는데, 가슴이 뜨거워지지는 않습니다. 정보는 입력되는데, 회개는 터지지 않습니다. 왜일까요?

고난 없는 텍스트의 가벼움

설교의 권위는 어디서 나옵니까? 텍스트의 정교함에서 나오지 않습니다. 설교의 권위는 '설교자의 삶'이라는 필터를 통과할 때 생겨납니다.

유명한 설교학자 필립스 브룩스(Phillips Brooks)는 설교를 "인격을 통한 진리의 전달"이라고 정의했습니다. 여기서 "인격"은 단순히 성품이 좋다는 뜻이 아닙니다. 그것은 설교자가 겪은 고난, 실패, 아픔, 그리고 그 속에서 하나님을 만난 체험이 녹아든 총체적인 삶을 의미합니다.

AI에게는 '고난'이 없습니다.

· AI는 암 진단을 받고 두려움에 떨며 기도해 본 적이 없습니다.
· AI는 자녀의 문제로 밤새워 울어 본 적이 없습니다.
· AI는 개척 교회의 월세를 걱정하며 하나님을 원망해 본 적이 없습니다.

따라서 AI가 내뱉는 "하나님이 위로하십니다"라는 문장은 그저 0과 1의 데이터 조합일 뿐입니다. 그 말에는 '무게'가 없습니다.

반면, 지난주 상처를 겪은 목사님이 떨리는 목소리로 "성도 여러분, 그래도 하나님은 선하십니다"라고 선포할 때, 그 문장은 투박해도 성도들의 심장을 뚫고 들어갑니다. 그 말에 목사님의 '피'와 '눈물'이 묻어 있기 때문입니다.

AI 설교는 '가짜 꽃'이다

조화는 시들지 않습니다. 벌레도 먹지 않습니다. 완벽한 대칭을 이룹니다. 하지만 조화에는 '향기'가 없습니다. 그래서 벌과 나비(성도들의 영혼)가 날아들지 않습니다. 성도들은 기가 막히게 압니다. 저 말이 목사님의 가슴에서 나온 말인지, 모니터에서 나온 말인지를.

'지금, 여기'의 부재

설교는 보편적인 진리를 선포하는 것이지만, 동시에 '특정한 시간, 특정한 장소, 특정한 청중'에게 주시는 하나님의 현재적 음성(rhema, 레마)이어야 합니다.

- AI는 방대한 데이터를 학습했지만, '지금 우리 교회 김권사님의 상황'은 학습하지 못했습니다.
- AI는 지난주 우리 교회 청년이 취업에 실패해서 낙심해 있다는 사실을 모릅니다.
- AI는 어제 우리 지역에 큰비가 와서 수해를 입은 성도가

있다는 사실을 모릅니다.

AI가 작성한 설교는 '어디서나 통할 법한' 보편적인 이야기입니다. 하지만 영혼을 울리는 설교는 '바로 나를 향한' 구체적인 이야기입니다. 목회자가 강단에 서서 성도들의 눈을 바라볼 때 성령이 주시는 즉흥적인 감동과 언어의 변화, 이것은 데이터 센터의 서버가 결코 계산해 낼 수 없는 '현장성'의 영역입니다.

묵상 없는 정보의 건조함

'묵상'의 어원은 '되새김질하다', '으르렁거리다'입니다. 이는 짐승이 먹이를 씹고 또 씹어서 소화하는 과정, 혹은 맹수가 먹이를 움켜쥐고 놓지 않는 치열함을 의미합니다.

AI는 묵상하지 않습니다. AI는 '검색'하고 '조합'할 뿐입니다. 1초 만에 나온 결과물에는 '숙성'의 시간이 없습니다.

묵은 된장이 깊은 맛을 내듯, 말씀은 목회자의 내면에서 오랫동안 묵혀지고 발효되어야 깊은 맛을 냅니다. AI가 주는 정보는 '패스트푸드'입니다. 맛있고 자극적이지만, 영혼의 건강을 책임지지는 못합니다. 강단은 패스트푸드를 내놓는 곳이 아니라, '슬로 푸드'인 생명의 양식을 내놓는 식탁이어야 합니다.

AI 설교의 치명적인 위험성

AI 설교 표절은 기존의 '다른 목사님 설교 베끼기'보다 훨씬 더 교묘하고 위험합니다. 왜냐하면 AI가 써 준 글은 저작권 검사에 걸리지도 않고, 세상에 하나밖에 없는 텍스트처럼 보이기 때문입니다. "이건 내가 프롬프트를 넣어서 만든 거니까 내 창작물 아니야?"라는 합리화가 쉽습니다.

하지만 이것은 영적인 차원에서 심각한 문제를 야기합니다.

성령을 속이는 죄

사도행전 5장의 아나니아와 삽비라 사건을 기억하십니까? 그들의 죄는 헌금을 안 한 것이 아니라, 일부를 감추고도 "이것이 전부입니다"라고 거짓말을 한 것입니다. 즉 성령을 속인 죄입니다.

목회자가 AI가 써 준 설교문을 들고 강단에 서서 "하나님이 오늘 우리에게 주시는 말씀입니다"라고 선포한다면, 이것은 누구를 속이는 것입니까?

1. 성도들을 속이는 것. 성도들은 목사님이 일주일 내내 이 말씀을 붙들고 씨름했다고 믿고 듣습니다.
2. 자기 자신을 속이는 것. '나는 준비된 설교자'라고 착각하게 만듭니다.

3. 궁극적으로 하나님을 속이는 것. 하나님은 목사님의 '입술'이 아니라 '중심'을 원하시는데, 중심은 빠지고 AI 의 지식만 드렸기 때문입니다.

이것은 '영적 사기'입니다. 설교 준비 과정에서의 '정직한 노동'이 생략된 설교는 설교자 자신의 영혼을 파괴합니다.

영적 근육의 퇴화

헬스장에 가서 트레이너가 대신 역기를 들어 준다면, 내 근육이 생길까요?

설교 준비는 '영적 근육'을 키우는 과정입니다. 본문과 씨름하고, 해석이 안 돼서 괴로워하고, 예화가 안 떠올라 무릎 꿇고 기도하는 그 고통스러운 과정 자체가 목회자를 성숙시킵니다.

만약 이 과정을 AI에게 '아웃소싱' 해 버린다면 어떻게 될까요? 처음에는 편할 것입니다. 시간도 남고, 설교문도 그럴듯합니다. 하지만 시간이 지날수록 목회자의 '영적 야성'은 사라집니다. 말씀을 보는 통찰력은 무뎌지고, 하나님과의 독대 시간은 어색해집니다. 결국, AI 없이는 설교 한 편도 못 쓰는 '영적 식물인간'이 될 수도 있습니다.

"편리함을 선택한 대가는 '능력'의 상실입니다."

엘리사의 생도들이 빌려 온 도끼로 나무를 베다가 물에 빠뜨렸던 것처럼, 목회자들은 혹시 자신이 AI라는 빌려 온 도끼로 나무를 찍으려 하는 것은 아닌지 돌아보아야 합니다.

영성이 빠진 데이터의 조합

AI 시대에 표절은 '남의 글을 베꼈느냐'의 문제가 아닙니다. '이 메시지의 기원이 어디냐'의 문제입니다.

> • 이 메시지가 성령의 조명하심과 나의 묵상에서 나왔는가?
>   아니면 데이터 알고리즘의 확률적 조합에서 나왔는가?

AI를 참고할 수는 있습니다. 하지만 AI가 주가 되어서는 안 됩니다. 설교의 뼈대와 살은 목사님이 직접 붙여야 합니다. AI 는 단지 옷매무새를 다듬어 주는 거울 역할에 그쳐야 합니다.

차가운 정보를 뜨거운 말씀으로 바꾸는 3단계

그렇다면 제2부에서 배운 그 유용한 AI 도구들을 다 버려야 합니까? 아닙니다.

핵심은 '재료'와 '요리'를 구분하는 것입니다. AI는 재료를 구해 오는 '장보기'를 할 수 있습니다. 하지만 불을 조절하고 맛을 내는 '요리'는 반드시 목회자가 해야 합니다.

이 요리 과정을 '영적 인큐베이션'이라고 부릅니다. AI가 준

차가운 정보를 뜨거운 말씀으로 변화시키는 '성령의 용광로' 과정입니다.

Step 1. 씹어 먹기-낭독과 필사

AI가 찾아 준 주석 정보, AI가 추천한 예화가 있다면, 그것을 그대로 복사해서 설교 원고에 붙여 넣지 마십시오. 반드시 손으로 다시 쓰거나, 입으로 소리 내어 읽으십시오. 에스겔 선지자는 두루마리를 "먹으라"는 명령을 받았습니다(겔 3:1).

· 눈으로 보는 정보는 뇌에 남지만, 입으로 씹어 먹은 말씀은 피와 살이 됩니다.

AI의 텍스트를 나의 육성으로 다시 뱉어 내는 순간, 그 문장은 나의 호흡과 감정이 섞인 '나의 언어'로 재탄생합니다. 이질적인 단어는 걸러지고, 내 목회 철학에 맞는 단어로 대체됩니다. 이 물리적인 체화 과정이 필수적입니다.

Step 2. 고통의 필터 통과시키기

AI가 준 적용점이 너무 매끄럽다면, 의심해 보십시오. 그리고 목사님의 '가장 아픈 부분'을 통과시키십시오. 예를 들어, AI가 "고난은 축복입니다"라는 문장을 주었다면, 목사님 스스로에게 물으십시오.

"나는 지금 빚 독촉을 받는 김 집사님 앞에서도 이 말을 할 수 있는가?"

"나는 내 자녀가 아플 때도 이 말을 진심으로 할 수 있는가?"

만약 "아니다"라는 대답이 나온다면, 그 문장은 가짜입니다. 버려야 합니다. 아니면 수정해야 합니다.

"고난이 당장은 축복처럼 보이지 않습니다. 너무 아픕니다. 하지만…"

이처럼 목사님의 진솔한 고백으로 고쳐 써야 합니다. AI의 차가운 논리가 목사님의 고뇌를 통과할 때, 비로소 성도들을 위로하는 따뜻한 메시지가 됩니다.

Step 3. 성령의 점화-"주여, 생기를 불어넣으소서"

설교 준비의 마지막 단계, 원고가 완성된 후가 가장 중요합니다. 에스겔 37장의 마른 뼈들을 보십시오. 뼈들이 맞춰지고 (구조), 힘줄이 생기고 살이 올랐지만(내용), 아직 '생기'는 없었습니다. 그때 에스겔이 생기를 향하여 대언하자 생기가 뼈들에 들어가 큰 군대가 되었습니다.

AI를 통해 뼈대를 잡고, 자료로 살을 붙였습니다. 겉보기엔 완벽한 설교문(시체)입니다. 이제 목사님이 해야 할 유일하고도 가장 중요한 일은 '기도'입니다.

강단, 그 거룩한 두려움에 대하여

|

사랑하는 목사님,

AI는 분명 하나님이 주신 선물입니다. 그것은 우리의 시간을 아껴 주고, 우리의 지평을 넓혀 줍니다. 그러나 기억하십시오. 선물이 주신 분을 대체할 수는 없습니다.

강단은 효율성의 자리가 아닙니다. 강단은 정보 전달의 자리가 아닙니다. 강단은 '한 사람이 하나님을 만나 타오르며, 그 불꽃을 다른 사람에게 옮겨 붙이는 성육신의 현장'입니다.

목회자가 AI를 사용하는 이유는 설교를 '쉽게' 하기 위해서가 아닙니다. 설교 준비 과정에서 아낀 에너지를, 더 깊이 사랑하고, 더 처절하게 기도하는 데 쏟기 위해서입니다.

기술은 차갑습니다. 그러나 강단은 뜨거워야 합니다.

부디 목사님의 서재에 AI라는 똑똑한 비서를 두되, 강단에는 오직 목사님과 성령님, 단둘이서만 올라가십시오. 성도들이 기다리는 것은 AI의 화려한 언변이 아니라, 하나님을 만난 목사님의 떨리는 목소리이기 때문입니다.

이것이 디지털 시대를 살아가는 목회자가 지켜야 할 마지막 자존심이자, 무너지지 않는 성역입니다.

📦 실전 점검: 나의 설교 영성 진단

이번 주 설교 원고를 펼쳐 놓고, 다음 질문 앞에 정직하게 서 보십시오.

1 땀의 검증

이 원고 내용 중, 내가 직접 성경을 찾거나 묵상하지 않고 AI나 인터넷에서 '복사 – 붙여 넣기' 한 문장이 30%를 넘는가?

Yes / No

2 삶의 검증

이 설교의 적용점은 나 자신이 지난 한 주간 살면서 실패했거나 몸부림쳤던 내용과 연결되어 있는가?

Yes / No

3 불의 검증

원고가 완성된 후, 이 원고를 붙들고 최소한 1시간 이상 "이대로 살게 하소서"라고 기도하는 시간을 가졌는가?

Yes / No

이 질문들에 당당할 수 있을 때, AI는 비로소 목사님의 충직한 종이 될 것입니다.

Part
3

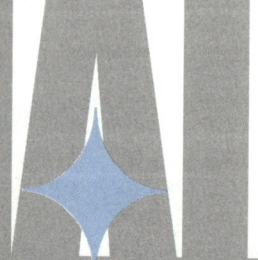

손이
열 개라도
모자란
목회자

8

야근 없는
교회를 위한
목회 행정 자동화

♦

목회자의 토요일 밤은 거룩한 설교 준비의 시간이어야지, 주보를 접고 오타를
수정하는 노동의 시간이 되어서는 안 된다. 행정은 사역을 돕는 그릇이지만,
그릇을 닦느라 밥(말씀) 지을 시간을 놓쳐서는 안 된다.

반복 업무를 해결할 디지털 행정 비서

목사님, 혹시 이런 경험 없으십니까?

금요철야예배가 끝나고 몸은 천근만근인데, 책상 위에 쌓
인 영수증을 풀로 붙이고 있는 모습. 토요일 오후, 설교 마무리
를 해야 하는데 주보 인쇄기에 종이가 걸려서 땀을 뻘뻘 흘리
며 기계를 뜯고 있는 모습. 다가올 전 교인 수련회 기획안을 만
들어야 하는데, 흰 화면만 바라보며 '어떤 인사말을 써야 장로

님들이 좋아하실까' 고민하느라 2시간을 흘려보낸 경험.

한국 교회, 특히 부교역자가 없거나 적은 중소형 교회의 목회자는 '슈퍼맨'이 아니라 '잡부'에 가까운 삶을 강요받습니다. 목회와 행정의 경계가 무너진 채, '거룩한 소명'이라는 이름 아래 '단순 반복 업무'가 목회자의 영성을 갉아먹고 있습니다.

"저는 컴맹이라서요….'

"엑셀만 보면 머리가 아파서요….'

이제 그런 핑계는 통하지 않는 시대가 되었습니다. 아니, 오히려 '컴맹이기에 더더욱 AI를 써야 하는 시대'가 왔습니다. 복잡한 함수를 몰라도, 디자인 감각이 없어도, AI에게 '말'만 걸면 행정이 해결되는 시대이기 때문입니다.

이 장은 목회자를 '사무실의 노예'에서 해방시켜 '강단의 주인'으로 돌려보내기 위한 행정 혁명 지침서입니다. 여기서는 구글 워크스페이스와 제미나이, 그리고 각종 자동화 도구를 통해 '야근 없는 교회'를 설계할 것입니다.

주보 및 기획안 공포증에서 탈출하기

|

목회 행정의 50%는 '글쓰기'입니다. 설교문이 아닙니다. 공문, 기획안, 초청장, 가정통신문, 주보 광고 문구 등입니다. 이런 글들은 창의성보다는 '격식'과 '명확성'이 중요합니다. 그런데

목사님들은 이 격식을 갖추느라 너무 많은 에너지를 씁니다.

구글 워크스페이스(구글 독스, 지메일)에 탑재된 AI 제미나이는 목사님의 가장 유능한 행정 서기입니다.

3분 만에 끝내는 행사 기획안

여름 성경 학교나 전 교인 수련회를 앞두고 당회(혹은 제직회)에 제출할 기획안을 쓴다고 가정해 보겠습니다.

- 기존 방식: 작년 기획안 파일을 찾습니다. → 날짜와 이름만 바꿉다. → 새로운 주제에 맞춰 내용을 수정하려니 앞뒤 문맥이 안 맞습니다. → 끙끙대며 문장을 다듬습니다. (소요 시간: 2시간)
- AI 혁명 방식(구글 독스+제미나이): 구글 독스를 열고, 제미나이 버튼(✦)을 누른 뒤 이렇게 말하십시오.

> □ ✎ "이번 여름 전 교인 수련회 기획안 초안을 작성해 줘.
> · 주제: '쉼과 회복'(마 11:28)
> · 대상: 전 교인(약 100명 예상)
> · 장소: 강원도 속초 ○○수양관
> · 일정: 8월 14일(월)~16일(수) 2박 3일
> · 주요 프로그램: 저녁 집회, 세대별 소그룹, 바비큐 파티, 지역 관광
> · 목적: 코로나 이후 서먹해진 성도 간의 교제와 영

적 재충전

당회 장로님들이 보시기에 설득력 있고, 예산 집행의 필요성이 잘 느껴지도록 정중하고 격식 있는 어조로 작성해 줘."

AI는 10초 만에 [배경 및 목적]-[행사 개요]-[세부 일정표(안)]-[기대 효과]-[소요 예산(항목별 분류)]의 완벽한 포맷을 갖춘 문서를 토해 냅니다. 목사님은 여기서 예산 금액만 채워 넣으면 됩니다.

품격 있는 공문서와 초청장

외부 강사를 초빙하거나, 노회에 공문을 보낼 때 '단어 선택'이 참 어렵습니다. 너무 가벼워 보여도 안 되고, 너무 딱딱해도 안 됩니다.

실전 예시:

창립 기념 주일에 외부 목사님을 강사로 초청하는 편지 작성

"○○○ 목사님을 우리 교회 창립 30주년 기념 예배 강사로 초빙하는 정중한 이메일 초안을 써 줘.

우리 교회의 역사와 ○○○ 목사님의 평소 사역에 대한 존경심을 담아서, 너무 부담스럽지 않게 작성해 줘."

AI는 "존경하는 ○○○ 목사님, 주님의 이름으로 문안드립니다"로 시작하는, 비문(非文) 없는 깔끔한 초청장을 써 줍니다. 목사님은 오타가 없는지 확인하고 '전송' 버튼만 누르면 됩니다.

구글 생태계의 연동성

제미나이의 무서운 점은 구글의 모든 도구와 연결된다는 점입니다.

지메일 요약

휴가를 다녀오니 쌓인 이메일 50통. 제미나이에게 "지난주 온 메일 중, '중요' 표시된 것과 노회에서 온 메일만 요약해서 보여 줘"라고 하면 1분 만에 업무 파악이 끝납니다.

숫자에 약한 목사님을 위한 엑셀 비서

많은 목회자들이 "나는 문과라서 숫자는 쥐약이야"라고 말씀하십니다. 엑셀이나 구글 스프레드시트를 여는 순간 심박수가 올라갑니다. 하지만 교회 행정의 절반은 '숫자'와 '명단' 관리입니다.

이제 엑셀 함수(브이룩업[VLOOKUP], 피벗 테이블[PIVOT TABLE])를 배울 필요가 없습니다. 자연어(우리가 쓰는 말)로 명령하면 AI가 표를 만들어 줍니다.

명단을 구역별로 나누기

새 가족 등록 카드들이 엑셀에 입력되어 있습니다. 심방을 가려는데, 누가 어느 동네에 사는지, 연령대는 어떻게 되는지 한눈에 보고 싶습니다.

- 기존 방식: 엑셀 필터 기능을 찾느라 헤맵니다. 혹은 일일이 눈으로 보고 수첩에 적습니다.
- AI 활용 방식(구글 시트+제미나이): 사이드 패널의 제미나이에게 이렇게 명령합니다.

> ☐ ✎ "이 시트에 있는 성도 명단 데이터를 분석해 줘. 거주지(동)별로 인원수를 세어서 표로 만들어 줘. 30대와 40대 성도만 따로 뽑아서 새로운 시트에 '3040 심방 대상자'라고 만들어 줘."

AI는 즉시 데이터를 분류하고, 시각화된 도표까지 그려 줍니다. 목사님은 데이터를 '가공'하는 시간을 아끼고, 데이터를 '해석'하여 심방 전략을 짜는 데 시간을 쓸 수 있습니다.

재정 보고서의 시각화

매달 재정 보고를 할 때, 빽빽한 숫자가 적힌 표만 나눠 주면 성도들은 이해하기 어렵습니다.

> ☐ ✎ "이 1-12월 재정 지출 데이터를 바탕으로, 어느 항목에서 지출이 가장 많았는지 원형 그래프를 그려 줘. 그리고 작년 대비 선교비 지출이 얼마나 늘었는지 퍼센트로 계산해서 요약해 줘."

단 몇 초 만에 전문적인 재정 보고서가 완성됩니다. 성도들은 '우리 교회가 재정을 투명하고 스마트하게 관리하고 있구나'라는 신뢰를 갖게 됩니다.

데이터 보안과 개인 정보 보호

여기서 반드시 짚고 넘어가야 할 '레드 라인'이 있습니다. GPT

나 일반적인 AI 도구에 '성도들의 실명', '전화번호', '주민번호'를 그대로 업로드하면 절대 안 됩니다. 이는 심각한 개인 정보 유출이 될 수 있습니다.

1. 가명 처리: 데이터를 올리기 전에 이름을 '성도 A', '성도 B'로 바꾸거나, 전화번호를 지우고 올리십시오.
2. 엔터프라이즈 버전 사용: 구글 워크스페이스 유료 버전이나 GPT 팀/엔터프라이즈 버전은 데이터를 학습하지 않으므로 보안상 안전합니다. 교회 재정이 허락된다면 보안이 보장된 버전을 사용하는 것이 좋습니다.
3. 목회자의 윤리: 편리함보다 중요한 것은 성도의 프라이버시입니다. '이 데이터가 유출되면 성도가 상처받지 않을까?'를 항상 먼저 생각하십시오.

매주 돌아오는 '주보의 악몽' 끝내기

목회자에게 가장 큰 스트레스 중 하나는 '주간 반복 업무'입니다. 매주 똑같이 돌아오는 주보 만들기, PPT 제작, 예배 순서지 작성 등. 창의적이지 않은 단순노동인데, 실수가 발생하면 비난은 크게 받습니다.

"반복되는 일은 자동화하거나, 템플릿화하십시오."

주보 제작의 혁명: AI 에디터와 템플릿

주보를 만들 때 가장 힘든 것은 '설교 요약'과 '광고 문구 작성'입니다.

설교 요약 자동화

설교 원고(한글 파일)를 AI에게 올리고 명령하십시오. 그러면 목사님이 직접 줄이는 것보다 훨씬 객관적이고 깔끔하게 요약해 줍니다.

> ☐ ✎ "이 설교문을 주보의 '말씀 요약' 란에 들어갈 분량 (약 500자)으로 요약해 줘. 핵심 성구 하나를 포함하고, 성도들이 한 주간 실천할 수 있는 적용점 하나를 끝에 덧붙여 줘."

광고 문구의 세련됨

AI에게 "부드럽고 권유하는 어조로 바꿔 줘"라고 요청하면 됩니다.

- (X) "다음 주에 대청소합니다. 많이 오세요."
- (O) "다음 주일은 '교회 사랑 대청소의 날'입니다. 성도님들의 작은 손길이 모여 우리 교회를 더 아름답게 만

듭니다. 기쁨으로 동참해 주세요."

PPT와 이미지 생성: 디자이너 없는 설움 씻어 내기

설교 PPT를 만들 때, 적절한 배경 이미지를 찾느라 구글 이미지를 1시간 동안 뒤진 적이 있습니까? 이제 그만하십시오.

젠스파크(Genspark) 활용

이 도구는 텍스트만 넣으면 PPT를 만들어 주는 AI입니다. 젠스파크는 1분 만에 이미지와 텍스트가 배치된 PPT 초안을 만들어 줍니다.

> ☐ ✎ "느헤미야의 성벽 재건을 주제로 설교할 거야. '재건', '희망', '협력'의 키워드가 들어간 모던하고 차분한 스타일의 10장 분량 슬라이드를 만들어 줘."

이미지 생성

(달리[DALL-E]-GPT/나노 바나나[Nano Banana]-제미나이)

저작권 걱정 없는 고퀄리티 이미지를 직접 만드십시오. 이 세상에 하나밖에 없는, 목사님의 설교의 감동을 극대화할 이미지가 탄생합니다.

구글 캘린더와 연동된 심방 자동화

심방 일정을 잡는 것도 큰 일입니다. 김 집사님은 화요일이 된다고 하시고, 이 권사님은 목요일만 된다고 하십니다. 수첩에 썼다 지웠다를 반복합니다.

구글 캘린더+예약 시스템

구글 캘린더의 '예약 일정' 기능을 사용하십시오. 목사님이 심방 가능한 시간대(예: 화/목 오후 2-5시)를 열어 두고, 성도들에게 링크를 보내면서 다음과 같은 내용의 문자를 보내십시오.

"성도님들이 편한 시간에 직접 이름을 적어 주세요."

성도들이 직접 빈 시간에 예약하면, 목사님의 캘린더에 자동으로 등록되고 알림이 옵니다. 전화 돌리는 3시간을 아낄 수 있습니다.

1인 5역의 딜레마를 넘어

어떤 분들은 이렇게 묻습니다. "행정을 이렇게 기계에 맡겨도 됩니까? 정성이 부족한 것 아닙니까?"

우리는 고린도전서 12장 28절을 기억해야 합니다. 하나님이 교회 가운데 세우신 은사 목록에는 사도와 선지자뿐만 아니라 "다스리는 것"도 포함되어 있습니다. 헬라어 퀴베르네시스(kybernēsis)는 '배의 키를 잡는 기술'을 뜻합니다.

행정은 잡무가 아닙니다. 교회가 산으로 가지 않고 목적지로 항해하게 만드는 '거룩한 조타술'입니다. 과거에는 조타술을 목회자의 '손발 노동'으로 때웠습니다. 하지만 이제는 AI라는 '자동 항법 장치'가 생겼습니다. 항법 장치를 켜는 것은 게으름이 아닙니다. 선장(목회자)이 조타실에서 키만 잡고 있느라, 갑판에 나와 승객(성도)들을 돌보지 못하는 것이 더 큰 직무 유기입니다.

AI 행정 자동화의 목적은 단 하나입니다. 목사님이 컴퓨터 모니터를 끄고, 사무실 밖으로 나가는 것입니다.

· 영수증을 붙이는 시간을 아껴 재정의 어려움을 겪고 있는 성도를 찾아가십시오.
· 주보 오타를 잡는 시간을 아껴 시험에 든 청년에게 밥을 사 주십시오.

· 기획안을 쓰는 시간을 아껴 강단에 엎드려 눈물 흘리십
  시오.

'야근 없는 교회'는 목회자의 '워라밸'(Work-Life Balance)을 위
한 구호가 아닙니다. 그것은 '성도와 더 많은 시간을 보내기
위한'(Work-Ministry Balance) 처절한 몸부림입니다.

🎲 실전 과제: 행정의 짐에서 벗어나기

이 장을 읽고 가슴이 뛰었다면, 내일 출근해서 바로 다음 세 가지를 실행해 보십시오.

1 구글 워크스페이스 가입하기(비영리단체 무료 혜택)

교회 고유번호증이 있다면 구글 비영리단체(Google for Nonprofits) 프로그램을 통해 유료 기능을 무료로 쓸 수 있습니다. 이것부터 신청하십시오.

참고 주소: https://www.google.com/nonprofits/

2 '반복 업무 리스트' 작성하기

일주일 동안 내가 하는 일 중 '생각 없이 손만 움직이는 일'을 적어 보십시오. (예: 주보 복사, 엑셀 정리, 설교 PPT 배경 찾기 등) 그중 하나를 골라 AI에게 "이거 어떻게 자동화할 수 있어?"라고 물어보십시오.

3 'AI 비서'와 첫 번째 기획 회의하기

다가오는 주일, 혹은 다음 달 행사 기획안을 AI와 함께 10분 만에 작성해 보십시오. 그리고 남은 시간에 그 행사를 통해 부어 주실 하나님의 은혜를 묵상하십시오.

행정의 짐을 벗어 버린 목사님의 어깨 위에, 이제 성령의 날개가 돋아날 것입니다.

다음 세대의
눈길을 잡는
맞춤형 주일학교 자료

♦

다음 세대는 '다른 세대'가 되어 가고 있다. 그들은 태어날 때부터 스마트폰을 쥔 '디지털 네이티브'다. 아날로그의 진심만으로는 그들의 시선을 붙잡기 어렵다. 이제 AI라는 도구를 통해, 아이들의 눈높이에서 복음의 본질을 '번역'하고 '시각화'하는 교육의 혁명이 필요하다.

디지털 네이티브 세대를 위한 복음 통역하기

목사님, 주일학교 교사들의 한숨 소리가 들리십니까?

"목사님, 아이들이 설교 시간에 집중을 안 해요."

"공과 공부 자료가 너무 옛날 방식이라 아이들이 지루해해요."

"이번 여름 성경 학교 포스터랑 데코레이션은 누가 하죠? 우리 교회엔 디자이너가 없는데…."

한국 교회의 허리인 다음 세대가 무너지고 있다는 경고음이 울리던 것은 어제오늘 일이 아닙니다. 가장 큰 문제는 '콘텐츠의 질적 격차'입니다. 아이들은 평일 내내 유튜브와 틱톡에서 화려하고 재미있는 고퀄리티 콘텐츠를 소비합니다. 그런데 주일에 교회에 오면, 흑백 복사기에서 나온 흐릿한 그림과 오래된 예화로 흥미가 떨어지는 것은 당연한 결과일지도 모릅니다.

교역자가 부족하고 예산이 넉넉지 않은 교회일수록, 교육부서의 짐은 무겁습니다. 한 명의 전도사님(혹은 담당 목사님)이 설교, 공과, 행정, 레크리에이션, 간식까지 다 챙겨야 합니다. 이것은 불가능한 미션입니다.

이 장에서는 AI를 '교육 총괄 디렉터'로 임명하여, 단 1명의 사역자가 10명의 전문가 몫을 해내는 기적을 보여 드리려 합니다. 젠스파크로 맞춤형 교재를 만들고, AI로 재미있는 활동을 기획하며, GPT, 제미나이의 이미지 생성 모델로 아이들의 눈을 사로잡는 이미지를 창조할 것입니다.

젠스파크를 활용한 공과 자료 만들기

설교 본문은 하나지만, 그것을 받아들이는 아이들의 연령대와 이해력은 천차만별입니다. 유치부 아이에게 '칭의와 성화'를 설명할 수 없고, 고등부 아이에게 "착한 어린이가 되세요"라고만 할 수 없습니다.

143

기존에는 연령별 교재를 다 따로 사야 했습니다. 하지만 이제는 AI 검색 및 큐레이션 도구인 젠스파크와 텍스트 생성 AI를 활용해, 하나의 본문을 나이대별로 완벽하게 '커스터마이징' 할 수 있습니다.

교육 자료 큐레이션의 끝판왕

젠스파크는 단순한 검색을 넘어, 주제에 맞는 다양한 형태의 정보(영상, 텍스트, 이미지)를 하나의 'AI 슬라이드'로 정리해 주는 강력한 도구입니다.

- 상황: 다음 주 주제가 "다윗과 골리앗"인데, 교사들에게 참고할 만한 영상 자료와 배경지식, 그리고 최신 교육 트렌드가 반영된 활동 자료를 나눠 주고 싶은 상황입니다.
- 활용법: 젠스파크 검색창에 이렇게 입력합니다.

> ☐ ✎ "다윗과 골리앗 이야기를 주일학교 어린이들에게 가르치기 위한 자료를 모아 줘. 1) 성경적 배경지식, 2) 어린이용 애니메이션 유튜브 링크, 3) 관련된 과학적 원리(물매 돌의 위력), 4) 교훈적인 활동 아이디어를 포함해서 하나의 페이지로 정리해 줘."

젠스파크는 인터넷상의 검증된 자료들을 긁어모아, 교사들이 스마트폰으로 한눈에 볼 수 있는 '모바일 교사 지침서'를 즉석에서 만들어 줍니다. 목사님은 이 링크를 교사 카카오톡 단톡방에 공유하기만 하면 됩니다.

수준별 분반 공부 질문지 생성

설교 후 분반 공부 시간, 공과 교재의 질문이 우리 아이들과 맞지 않을 때가 많습니다. GPT나 클로드에게 다음과 같이 요청하여 '우리 교회 맞춤형 교재'를 만드십시오.

□ ✎ "나는 이번 주 '탕자의 비유'로 설교를 했어. 이 내용을 바탕으로 다음 4개 그룹을 위한 맞춤형 소그룹 나눔 질문지(각 3문제)를 만들어 줘.

1. 유치부(5-7세): 감각적이고 직관적인 질문(예: 아빠를 만났을 때 기분이 어땠을까?).

2. 초등부(8-13세): 인물의 행동과 도덕적 선택에 집중(예: 형은 왜 화가 났을까?).

3. 청소년부(14-19세): 반항 심리와 정체성, 현실적 고민 연결(예: 내가 만약 둘째 아들이라면 집을 나갔을까? 자유란 무엇일까?).

4. 청년부(20-30대): 탕자보다 '형'의 위선, 그리고 하나님의 무조건적인 은혜에 대한 신학적 깊이."

유치부: "돼지 밥을 먹던 동생이 아빠 냄새를 맡았을 때 무슨 냄새가 났을까요? 우리도 엄마, 아빠한테 잘못했을 때 '죄송해요' 하고 안아 본 적 있나요?"

청소년부: "둘째 아들은 아버지의 재산을 미리 달라고 했어. 이건 당시 문화에서 '아버지가 죽기를 바라는 것'과 같았대. 너희도 부모님이나 하나님이 내 뜻대로만 해 주시기를 바랐던 적이 있니? 진짜 자유는 내 마음대로 하는 걸까, 아니면 아버지 집 안에 있는 걸까?"

이렇게 만들어진 질문지는 아이들의 마음 문을 여는 열쇠가 됩니다. 교사들은 "질문이 너무 좋아요. 아이들이 입을 열기 시작했어요"라고 고백하게 될 것입니다.

재미있는 성경 퀴즈, '노잼' 교회 탈출하기

'교회는 지루한 곳'이라는 편견을 깨야 합니다. 하지만 매주 새로운 레크리에이션을 짜는 것은 고역입니다. AI는 '무한한 아이디어 뱅크'이자 '게임 기획자'입니다.

성경 골든벨 문제 출제

성경 퀴즈 대회를 하려면 문제를 내는 데만 며칠이 걸립니다. 난이도 조절도 쉽지 않습니다.

> "마가복음 전체를 범위로 '성경 골든벨' 문제 30개를 출제해 줘.
> 난이도 하(10문제): O/X 퀴즈. 유치부도 맞힐 수 있는 수준.
> 난이도 중(10문제): 4지 선다형. 성경을 한 번 읽으면 알 수 있는 수준.
> 난이도 상(10문제): 주관식. 꼼꼼히 읽어야 알 수 있는 지명이나 숫자.
> 정답과 함께, 정답이 있는 성경 구절(장/절)을 반드시 명시해 줘."

AI는 10초 만에 문제 은행을 만들어 줍니다. 목사님은 이것을 PPT로 옮기기만 하면 됩니다.

트렌드를 입힌 성경 활동

요즘 아이들이 좋아하는 문화(MBTI, 방탈출 게임, 밸런스 게임)를 성경과 접목해 보십시오. 성경 인물 MBTI 토론과 성경 방탈출 게임을 만들어 달라고 명령할 수 있습니다.

□ 🖉 "청소년부 아이들이 MBTI를 좋아해. 베드로(행동파),
도마(의심파/분석파), 마리아(감성파), 바울(논리파)의 성격
을 MBTI로 추정해서 설명해 주고, 아이들이 자신의
성격과 가장 비슷한 제자를 찾아 '나의 신앙 스타일'
을 토론할 수 있는 활동지를 만들어 줘."

□ 🖉 "초등부 아이들을 위해 교회 본당에서 할 수 있는
'여리고성 탈출 게임' 시나리오를 짜 줘.
미션 1: 암호를 풀어라(힌트: 여리고성을 돈 횟수 13바퀴).
미션 2: 붉은 줄을 찾아라(숨겨진 빨간 리본 찾기).
최종 미션: 함성을 질러라(데시벨 측정기로 일정 소음 넘
기기).
각 단계별 힌트와 준비물, 진행 방식을 구체적으로 알
려 줘."

이런 기획은 아이들에게 "와, 우리 교회 힙(Hip)하다!"라는
반응을 이끌어 냅니다. 복음은 변하지 않지만, 복음을 담는 그
릇은 끊임없이 새로워져야 합니다.

아이들에겐 보는 것이 믿는 것이다

아이들은 '호모 비주얼쿠스'입니다. 듣는 것보다 보는 것에 훨씬 민감합니다. 텍스트로 가득 찬 주보, 촌스러운 클립아트는 아이들의 시선을 뺏지 못합니다.

디자이너가 없다고요? 아닙니다. 달리(DALL-E, GPT내장), 나노바나나(Nano-Banana, 제미나이 내장), 캔바(Canva)가 목사님의 디자이너입니다.

세상에 하나뿐인 '색칠 공부' 도안 만들기

인터넷에서 "예수님 색칠 공부"를 검색하면 똑같은 그림만 나옵니다. 다음 주 설교 본문에 딱 맞는 그림을 직접 그려 보십시오. GPT에게 이렇게 명령할 수 있습니다.

> ☐ ✎ "어린이 주일학교 색칠 공부용 도안을 그려 줘.
> 주제: '물고기 두 마리와 보리떡 다섯 개를 예수님께 드리는 어린 소년.'
> · 스타일:
> 1. 검은색 굵은 선으로 그려 줘(색칠하기 좋게).
> 2. 배경은 단순하게, 인물은 귀엽고 친근한 디즈니 만화 스타일로.
> 3. 내부는 비워 둬서 아이들이 색칠할 수 있게 해 줘."

이렇게 생성된 이미지를 출력해서 나눠 주면, 아이들은 설교 내용을 되새기며 즐겁게 색칠할 수 있습니다. "이거 목사님이 AI랑 같이 만든 거야"라고 하면 아이들이 신기해하며 더 좋아합니다.

설교 PPT 배경과 포스터 제작

여름 성경 학교 포스터를 외주 주려면 돈이 듭니다. GPT를 활용하여 직접 만들어 보십시오.

> ☐ ✎ "2026년 여름 성경 학교 포스터 배경 이미지를 만들어 줘.
> · 주제: 'JESUS ARMY'(예수님의 군사).
> · 분위기: 에너지가 넘치고, 밝고, 역동적인 느낌.
> · 요소: 갑주를 입은 귀여운 아이들, 깃발, 밝은 빛.
> · 스타일: 3D 픽사 애니메이션 스타일.
> · 비율: 16:9 와이드, 텍스트를 넣을 수 있게 중앙은 좀 비워 줘."

생성된 그림을 캔바로 가져가서 "2026 여름 성경 학교 / 일시: 8월 15일" 글씨만 얹으면, 전문 디자이너 뺨치는 포스터가 완성됩니다(캔바의 일부 기능은 무료로 사용이 가능합니다).

시각 자료의 신학적 주의점

이미지 생성 AI를 쓸 때 목회자가 반드시 주의해야 할 점이 있습니다.

1. 예수님의 형상화: 서구 중심적인 데이터로 인해 예수님이 지나치게 '백인 남성'으로 묘사되거나, 성화로서 부적절하게 가벼운 모습으로 그려질 수 있습니다.

> **Tip**
> '중동 지역의 남성'으로 묘사하거나, 얼굴을 구체적으로 묘사하기보다 뒷모습이나 실루엣, 혹은 빛으로 표현하는 것이 성경적 상상력을 더욱 자극할 수 있습니다.

2. 기괴함 체크: AI는 가끔 손가락을 6개 그리거나 표정을 기괴하게 그릴 때가 있습니다. 출력 전 반드시 꼼꼼하게 검수해야 아이들이 놀라지 않습니다.

하이테크(High-Tech), 하이터치(High-Touch)!

AI가 자료도 찾고, 질문지도 만들고, 그림도 그려 준다면, 주일학교 교사는 무엇을 합니까?

역설적이게도, AI 덕분에 교사는 '진짜 교사의 일'을 할 수 있게 되었습니다. 과거의 교사는 토요일 밤에 가위질하고, 공과 공부 답안지를 외우느라 바빴습니다. 정작 주일이 되면 아이들의 눈을 보고 대화할 에너지가 없었습니다.

하지만 이제 자료 준비는 AI에게 맡기십시오. 10분이면 충분합니다. 그리고 남은 시간에 AI는 할 수 없지만, 사람만이 할 수 있는 다음과 같은 일들을 다음 세대를 위해 해 주시기 바랍니다.

1. 하이터치(깊은 접촉): 아이들의 이름을 한 번 더 불러 주고, 지난주 기도 제목이 응답되었는지 물어보십시오.
2. 삶의 나눔: AI가 만든 질문지를 가지고, 교사가 먼저 자신의 실패와 은혜를 나누십시오. 기계는 간증할 수 없습니다. 오직 사람만이 자신의 삶으로 예수님을 증거할 수 있습니다.
3. 중보 기도: 퀄리티 높은 공과 자료보다 더 강력한 것은 그 자료 위에 떨어진 교사의 눈물 한 방울입니다.

"AI는 '콘텐츠'를 만들고, 교사는 '관계'를 만듭니다."

아이들은 화려한 영상 때문에 교회에 남는 것이 아닙니다. 나를 진심으로 사랑해 주시는 선생님, 내 이름을 기억해 주시는 목사님이 그리워서 남습니다. AI는 그 사랑을 전달하기 위한 가장 효율적인 도구일 뿐입니다.

목사님, 다음 주 주일학교 준비, 이렇게 한번 바꿔 보면 어떨까요?

1 설교 시각화

다음 주 설교 본문의 핵심 장면을 GPT로 생성하여 설교 PPT 배경으로 사용해 보십시오. 아이들의 눈빛이 달라질 것입니다.

2 맞춤형 질문

GPT에게 "우리 반 아이들은 요즘 학교 폭력 문제로 고민하고 있어"라는 상황을 주고, 그에 맞는 공과 질문 세 개를 뽑아 보십시오.

3 교사 격려

젠스파크로 잘 정리된 교육 참고 자료를 교사 카카오톡 단톡방에 공유하여 남기십시오.

따뜻한 손길이
성도에게 닿는
디지털 목양

◆

목양은 기술이 아니다. 목양은 '눈물'과 '땀'으로 범벅된 성육신의 과정이다.
하지만 AI는 그 눈물을 닦아 줄 손수건을 준비하고, 그 땀방울이 헛된 곳에
떨어지지 않도록 길을 안내하는 나침반이 될 수 있다. 효율적인 행정이
뒷받침될 때, 비로소 목회자의 따뜻한 손길이 더 많은 양 떼에게 닿을 수 있다.

디지털 목양을 위한 비서 세우기

목사님, '심방'이라는 단어를 들으면 어떤 감정이 드십니까?

한 영혼을 만난다는 설렘도 있지만, 동시에 물리적인 피로
감과 행정적인 부담감이 몰려올 것입니다. 대심방 기간이 되면
하루에 5-6개 가정을 방문해야 합니다. 동선이 꼬여서 길바닥
에 시간을 버리기도 하고, 급하게 연락처나 주소를 찾느라 식
은땀을 흘리기도 합니다.

무엇보다 가장 어려운 것은 '언어의 한계'입니다.

장례를 당한 유가족에게, 수술을 앞둔 환우에게, 혹은 시험에 실패한 청년에게… 도대체 무슨 내용의 문자를 보내야 할까요? "기도하겠습니다"라는 말은 너무 상투적인 것 같고, 긴 글을 쓰자니 오지랖 같아 망설이다가 타이밍을 놓친 적은 없습니까?

이 장에서는 '하이테크 기술'을 사용하여 '가장 따뜻한 돌봄'을 실현하는 방법을 다룹니다. AI를 통해 심방의 동선을 최적화하여 길 위의 시간을 아끼고, 그 아낀 시간만큼 성도의 손을 더 오래 잡아 줄 것입니다.

또한 AI에게 상황에 맞는 적절한 위로의 언어를 추천받되, 그것을 그대로 베끼지 않고 목자의 마음을 담아 재탄생시키는 '목양적 글쓰기'의 정수를 나눌 것입니다.

길에서 시간을 버리는 목사님을 위한 AI 일정과 동선 최적화

대심방이나 구역 심방 시즌이 되면 교회 사무실 풍경은 전쟁터와 같습니다. 교구 목사님과 전도사님들이 지도를 펴 놓고, 엑셀 명단을 대조하며 머리를 싸맵니다.

"김 권사님 댁에 갔다가 이 집사님 댁에 가려면 다시 유턴해야 하잖아? 아차, 박 집사님은 화요일은 안 된다고 하셨는데…."

이 비효율적인 동선 짜기는 목회자의 에너지를 심방 전부터 소진시킵니다. 이제 AI와 디지털 지도를 결합하여 '스마트 심방 루트'를 설계해 보겠습니다.

AI에게 '심방 비서' 역할 맡기기

엑셀에 정리된 성도들의 주소 데이터가 있다면, AI는 최고의 물류 전문가가 됩니다. (단, 이때 주소는 '도로명'까지만 입력하고, 구체적인 건물번호 및 상세 내용은 보안상 제외하는 것이 좋습니다.)

하루에 5개 가정을 심방해야 하는데, 어디부터 들러야 가장 효율적일지 모르겠다면 GPT와 클로드에게 이렇게 명령하십시오.

☐ 🖉 "나는 오늘 다음 5개 지역을 방문해야 해. 교회(출발지: ○○구 ○○동)에서 출발해서 가장 효율적으로 이동할 수 있는 순서와 동선을 짜 줘. 그리고 각 이동 구간의 대략적인 소요 시간도 계산해 줘.
1. A성도: ○○구 상계동(오전 선호)
2. B성도: ○○구 중계동
3. C성도: ○○구 하계동(점심 식사 예정)
4. D성도: ○○구 월계동
5. E성도: ○○구 공릉동(오후 4시 이후 가능)
조건: 점심시간과 E성도의 시간 제약을 고려해서 최적의 스케줄 표를 만들어 줘."

AI는 지도 데이터를 기반으로 가장 덜 막히고 동선이 꼬이지 않는 순서를 제안합니다. '상계동(A) → 중계동(B) → 하계동(C, 식사) → 월계동(D) → 공릉동(E)' 순서가 지리적으로 매끄러운지 검토해 주고, 시간 배분까지 해 줍니다. 목사님은 이 스케줄 표를 들고 출발하기만 하면 됩니다.

구역 편성을 자동화하기

새 가족이 들어오거나 연말에 구역을 재편성할 때, 주소를 일일이 확인하며 묶는 것은 고된 작업입니다.

> ☐ ✎ "여기 우리 교회 성도 100명의 거주지 리스트(동 단위)가 있어. 이들을 지리적으로 가까운 순서대로 5-7개 가정씩 묶어서 '구역'(Cell)을 편성해 줘.
> 단, 연령대(3040/5060) 정보도 옆에 적혀 있으니, 가능하면 비슷한 연령대끼리 묶되 지역을 우선으로 고려해 줘."

이렇게 하면 며칠 걸릴 구역 편성 작업이 10분 만에 초안이 잡힙니다. 목사님은 AI가 짠 초안을 보고, 성도 간의 관계를 참고해 미세 조정하면 됩니다.

한 줄을 고민하는 목사님을 위한 상황별 문자 가이드

목양의 8할은 '소통'입니다. 카카오톡과 문자 메시지는 현대 목회에서 가장 중요한 목양 도구 중 하나입니다. 하지만 모든 상황에 딱 맞는 말을 찾아내는 것은 작가 수준의 언어 감각을 요구합니다.

특히 경조사나 고난을 당한 성도에게 보내는 메시지는 자칫 잘못하면 상처가 될 수 있어 조심스럽습니다. 이때 AI는 훌륭한 '언어의 보물 창고'가 됩니다.

상황별 메시지의 '초안' 받기

AI에게 "문자 써 줘"가 아니라, "표현을 추천해 줘"라는 말로 접근해야 합니다.

실전 예시 1: 큰 수술을 앞둔 성도에게

상투적인 "기도하겠습니다"라는 표현 말고, 좀 더 깊은 울림을 주고 싶을 때 이렇게 요청해 보십시오.

> ☐ ✎ "내일 큰 암 수술을 앞두고 두려워하는 50대 여성 집사님(권사님)께 위로의 메시지를 담은 카카오톡을 보내려고 해.
> 너무 가볍지 않게, 하지만 너무 비장하지도 않게,

'하나님이 수술실에 함께 들어가신다'는 확신을 줄 수 있는 따뜻한 메시지 예시를 세 가지 버전으로 작성해 줘.
1. 성경적 버전: 시편 23편이나 이사야 41장 10절을 인용한 버전.
2. 공감적 버전: 두려운 마음을 읽어 주는 따뜻한 감성 버전.
3. 기도문 버전: 짧게 읽고 '아멘' 할 수 있는 기도문 형식."

AI가 제안한 세 가지 버전을 읽어 보면, 목사님의 마음에 '탁' 걸리는 문장이 있을 것입니다. 그 문장을 골라 목사님의 어투로 다듬으십시오.

실전 예시 2: 장례식 후 위로 문자

장례식장에서는 뵈었지만, 발인 후 며칠 뒤에 보내는 문자가 진짜 목양입니다.

☐ ✎ "부친상을 치르고 일상으로 복귀한 청년 성도에게 보낼 문자야.
'장례 치르느라 고생했다'는 말과 함께, 빈자리의 허전함이 밀려올 때 주님이 위로해 주시길 바란다는 내용을 담아 줘. 꼰대 같지 않게, 담백하고 정중하게."

복사 금지 '30 대 70'의 법칙

여기서 가장 중요한 원칙이 있습니다.

"AI가 준 텍스트는 30%만 참고하고, 70%는 목사님이 직접 고쳐야 합니다."

AI의 문장은 매끄럽지만 '온기'가 없습니다. 성도들은 목사님의 평소 말투, 자주 쓰는 단어, 이모티콘 사용 습관을 다 알고 있습니다. AI가 쓴 글을 그대로 보내면 성도들은 본능적으로 느낍니다. '어? 목사님 말투가 아닌데? 어디서 복사해 온 건가?' 그 순간, 그 문자는 위로가 아니라 '스팸'이 됩니다.

- AI의 초안: "집사님, 수술 소식에 마음이 무겁습니다. 주님의 치유의 광선이 임하길 소망합니다." (어색함)
- 목사님의 수정: "집사님, 내일 수술이지요? 제가 새벽부터 마음이 쓰여서 계속 기도하고 있습니다. 우리 하나님이 집사님의 손을 꼭 잡고 수술실에 들어가실 거예요. 걱정 마세요. 사랑합니다." (진정성)

AI가 제공해 주는 '재료'를, 목사님은 '사랑'으로 버무리십시오. 그래야 맛있는 위로의 밥상이 됩니다.

성도의 비밀을 지키는 목양 데이터 관리

디지털 목회의 가장 큰 아킬레스건은 '보안'입니다. 목회자는 성도들의 가장 내밀한 비밀(가정불화, 질병, 재정 문제, 과거의 상처)을 다루는 사람입니다. 과거에는 목회 수첩을 잃어버리는 것이 문제였지만, 지금은 클라우드 해킹이나 AI 학습 데이터 유출이 문제입니다.

"AI에 우리 성도들의 기도 제목을 넣어도 되나요?"

이 질문에 대한 대답은 "절대로 실명을 넣지 마십시오"입니다.

가명 처리의 생활화

GPT나 클로드 같은 생성형 AI는 사용자가 입력한 데이터를 학습에 활용할 수도 있습니다(설정에 따라 다름). 따라서 다음과 같은 '데이터 세탁' 과정이 필수입니다.

- 실명 제거: 김철수 집사 → A집사, 성도1 등.
- 고유 정보 제거: 구체적인 상호명, 전화번호, 주민번호, 집 주소(상세).
- 민감 정보 우회: '남편의 외도 문제' → '심각한 부부 갈등 문제' 등으로 순화.

안전한 프롬프트 예시

- 절대 안 되는 질문: "우리 교회 김영희 권사님의 전화번호는 010-1234-5678인데, 남편이 도박 빚 1억이 있어서 우울증 약을 드셔. 어떻게 상담할까?" → 절대 금지!
- 모범 질문: "50대 여성 성도님이 배우자의 심각한 재정적 일탈로 인해 정신적인 고통(우울감)을 호소하고 계셔. 신앙적으로 이분을 어떻게 위로하고 상담하면 좋을지, 목회적 돌봄의 단계별 가이드를 줘."

이렇게 물어봐도 AI는 충분히 훌륭한 상담 가이드를 제공합니다. 구체적인 정보는 목사님 머릿속에만 있으면 됩니다. AI에게는 '상황'만 주십시오.

안전한 디지털 목양 수첩 만들기

성도들의 기도 제목을 카카오톡 '나와의 채팅'이나 메모장에 대충 적어 두는 분들이 많습니다. 핸드폰을 분실하면 큰일 납니다. 보안이 강화된 도구를 사용하십시오.

1. 노션(Notion)+비밀번호 잠금: 노션은 데이터베이스 정리에 탁월합니다. 하지만 반드시 2단계 인증(2FA)을 설정하고, 민감한 페이지는 별도로 잠가야 합니다.

2. 구글 스프레드시트+권한 제한: 교역자 회의용으로 공유할 때는, '뷰어' 권한만 주거나, 특정 교역자에게만 접근 권한을 부여하여 유출 사고를 막아야 합니다.
3. 디지털 금고 원칙: 성도의 죄나 치명적인 비밀은 디지털에 기록하지 마십시오. 그런 내용은 오직 하나님과 목사님만의 비밀로, 아날로그 수첩에 적거나 머릿속에만 남겨 두는 것이 가장 안전한 보안입니다.

'하이테크'를 넘어 '하이터치'로

이 장을 마무리하며, 우리는 다시 원점으로 돌아와야 합니다.

왜 심방 동선을 최적화하고, 왜 문자 메시지 초안을 AI에게 부탁하고, 왜 데이터를 정리합니까?

· 심방 길에서 아낀 30분으로, '성도의 이야기를 30분 더 들어 주기 위해서'입니다.
· 문자 내용을 고민하는 시간을 줄여서, '한 명이라도 더 많은 성도에게 안부를 묻기 위해서'입니다.
· 기도 제목을 잊어버리지 않고 정리해서, '새벽마다 이름을 부르며 정확하게 기도하기 위해서'입니다.

AI는 '효율'을, 목회자는 '체온'을 높여야 한다

|

어떤 성도님들은 이렇게 말합니다. "목사님, 요즘 보내 주시는 문자가 참 따뜻해요. 예전엔 그냥 성경 구절만 보내셨는데, 요즘은 제 상황을 알아주시는 것 같아서 울컥했어요." 목사님이 AI를 통해 다양한 표현을 배우고, 거기에 기도로 마음을 담았기 때문입니다.

기술이 발전할수록, 사람들은 더 목말라합니다. 진짜 사람의 목소리, 진짜 사람의 눈빛, 진짜 사람의 손길을 그리워합니다. AI는 그 그리움을 채워 줄 수 없습니다. 오직 목사님만이 할 수 있습니다.

스마트한 비서를 곁에 두십시오. 그러나 성도 앞에서는 스마트 기기를 내려놓고, 그들의 젖은 눈을 바라보십시오. 그것이 이 책이 지향하는 '따뜻한 스마트 목회'의 완성입니다.

1 문자 리모델링

평소 자주 보내는 '심방 감사 문자', '생일 축하 문자' 템
플릿이 있다면, AI에게 "이걸 좀 더 따뜻하고 감성적인
버전 세 가지로 바꿔 줘"라고 요청해서 템플릿을 업그
레이드하십시오.

2 동선 최적화 실험

다음번 심방 때는 출발 전 5분만 투자해서 AI에게 '최적
이동 경로'를 물어보십시오. 길에서 버리는 시간이 확
줄어드는 쾌감을 느껴 보십시오.

3 데이터 대청소

내 스마트폰 메모장이나 카카오톡에 성도들의 주민번
호나 과도한 사생활 정보가 적혀 있지는 않은지 점검하
고, 실명을 가명이나 이니셜로 수정하십시오.

11

효과적으로 접근하는
완벽한
목회 시각 자료

♦

디자인이라는 짐을 기계에게 위임하는 이유는 시각적인 화려함을
뽐내기 위함이 아니다. 모니터 앞에서의 씨름을 끝내고,
지친 성도를 위로할 단 한 줄의 메시지에 집중하기 위함이다

허비되기에는 아까운 목회의 시간

|

목사님, 토요일 밤 11시. 내일 강단에서 선포할 주일 설교 원고
의 마침표를 마침내 찍고 비로소 한숨을 돌리려는데, 문득 등
골이 서늘해지는 경험을 해 보신 적 있습니까?

"아차, 내일 청년부 헌신 예배 포스터를 아직 안 만들었네!"

"이번 주 설교 요약 카드 뉴스를 오늘 밤에는 교구 카카오톡
단톡방과 인스타그램에 올려야 하는데!"

피곤한 눈을 비비며 다시 마우스를 쥐고 무료 이미지 사이트를 뒤적입니다. 적당한 배경 이미지를 찾고, 파워포인트나 한글 프로그램을 열어 텍스트를 이리저리 배치해 보지만 화면 속 결과물은 늘 아쉽기만 합니다.

대기업의 세련된 광고와 화려한 유튜브 썸네일에 이미 익숙해진 성도들의 눈높이를 생각하면, 조악한 디자인이 자칫 복음의 가치마저 '올드'하게 만들까 봐 마음 한구석이 무거워집니다.

이때 구원 투수처럼 등장한 것이 바로 AI입니다. 요즘 주변에서 "AI가 그림도 알아서 그려 주고, 카드 뉴스도 뚝딱 만들어 준다"는 이야기를 심심치 않게 들었을 것입니다. 그래서 부푼 기대를 안고 늦은 밤, GPT나 제미나이 같은 AI의 프롬프트 창을 엽니다. 그리고 이렇게 입력합니다.

"이번 주일 '은혜의 강물'이라는 주제의 설교 요약 카드 뉴스 5장을 만들어 줘. 배경은 은혜로운 강물로 하고, 글씨도 예쁘고 감동적으로 적어서 완성해 줘."

결과물을 받아 든 목사님의 반응은 어떠했습니까? 아마 깊은 한숨을 내쉬었을 것입니다.

AI가 그려 낸 강물 배경은 제법 그럴싸하고 화려할지 모릅니다. 하지만 그 위에 적힌 글씨들은 한글인지 외계어인지 알수 없게 찌그러져 있고, 띄어쓰기와 맞춤법은 엉망진창입니다. 때로는 우리 교회의 신학적 분위기나 정서와는 전혀 맞지 않는 기괴하고 차가운 느낌의 이미지가 튀어나오기도 합니다.

이 어색한 결과물을 고쳐 보려고 목사님은 AI와 지루한 씨름을 시작합니다.

"아니, 글씨를 똑바로 한글로 써 줘!"

"배경이 너무 어두워. 좀 더 따뜻하게 다시 만들어 봐."

"글씨가 그림에 묻혀서 안 보여. 위치를 위로 올려서 다시!"

그렇게 수십 번 프롬프트를 고쳐 쓰고 다시 생성하기를 반복하다 보면 어느새 새벽 2시가 훌쩍 넘어갑니다. "이럴 거면 차라리 내가 파워포인트로 처음부터 만드는 게 빠르겠다!"라는 탄식이 절로 나옵니다. 시간을 아끼려고 AI를 켰는데, 오히려 평소보다 더 많은 시간을 모니터 앞에서 허비하고 만 것입니다.

한 번에 모든 것을 해결하려는 실수

목사님, 혹시 이런 뼈아픈 시간 낭비의 경험이 있으시다면 안심하십시오. 그것은 목사님의 프롬프트 작성 실력이 부족해서가 아닙니다. AI로 이미지를 생성하려는 '접근 방식' 자체가 처음부터 잘못되었기 때문입니다.

우리는 무의식중에 AI를 '모든 것을 한 번에 완성해 주는 만능 디자이너'라고 생각합니다. 기획부터 배경 그리기, 텍스트 작성, 그리고 글씨의 배치와 폰트 디자인까지 모두 알아서 해주는 완벽한 외주 디자이너라고 착각하는 것입니다.

하지만 현재의 생성형 AI가 가진 기술적 특성을 이해해야 합니다. AI는 텍스트를 다루는 뇌와 이미지를 다루는 뇌가 다릅니다. 이미지 생성 AI는 픽셀의 패턴을 조합하여 그림을 그리는 데는 천재적이지만, 그 이미지 위에 '가독성 있는 텍스트'를 논리적으로 배치하고 타이포그래피의 아름다움을 살리는 데는 매우 취약합니다. AI에게 텍스트는 그저 '그려야 할 또 다른 복잡한 픽셀 덩어리'일 뿐, 의미를 가진 메시지가 아니기 때문입니다.

더 나아가, AI는 목사님이 시무하시는 교회의 고유한 영적 분위기, 우리 성도들이 선호하는 따뜻한 어조, 그리고 목회자로서 전하고자 하는 미세한 감정선까지 스스로 완벽하게 이해하고 조립하지 못합니다.

결국 한 번의 명령으로 텍스트와 이미지가 완벽하게 결합된 최종 결과물을 얻어 내려는 시도는, 필연적으로 실패와 시간 낭비로 이어질 수밖에 없습니다. 우리는 AI에 대한 환상을 내려놓고, 그 역할을 아주 냉정하고 정확하게 재정의해야 합니다.

AI는 처음부터 끝까지 다 해 주는 '고급 디자이너'가 아니라, 목사님이 원하는 최고급 재료(텍스트 초안과 그림 소스)를 무한대로 뽑아 주는 '탁월한 보조 디자이너'입니다. 최종적인 조립과 생명력을 불어넣는 작업은 여전히 목회자의 손끝, 즉 '인간의 영역'으로 남아 있어야 합니다.

시각 목회를 위한 3단계 분업의 지혜

AI를 활용한 시각 자료 제작은 철저한 '분업'이 핵심입니다. 목회자는 아트 디렉터의 역할을 하면 됩니다. 텍스트를 요약하는 일은 언어 전문 AI에게, 배경 이미지를 그리는 일은 이미지 전문 AI에게 철저히 나누어 맡기십시오. 그리고 목사님은 이들이 만들어 온 훌륭한 재료들을 모아 최종적으로 조립하고 방향을 결정하는 아트 디렉터가 되셔야 합니다.

교회에서 필요한 카드 뉴스나 행사 포스터를 만들 때, 시간 낭비 없이 가장 완벽한 결과물을 얻어 내는 현실적이고 강력한 3단계 워크플로우는 다음과 같습니다.

Step 1. 기획 및 텍스트 가공(GPT, 클로드 등)

카드 뉴스의 생명은 '핵심을 찌르는 짧은 글'입니다. 10페이지에 달하는 길고 은혜로운 설교 원고를 작은 정사각형 이미지 안에 그대로 욱여넣을 수는 없습니다. 이때 언어 모델(GPT나 클로드)에게 긴 글을 주며 카드 뉴스용으로 정제해 달라고 요청합니다.

> ☐ ✐ "나는 이번 주 주일 설교를 바탕으로 인스타그램과
> 교구 카카오톡 단톡방에 공유할 '설교 요약 카드 뉴
> 스' 5장을 만들려고 해.
> 아래 첨부한 설교 원고를 깊이 있게 읽고, 각 장에
> 들어갈 짧고 강렬한 헤드라인(15자 이내)과 본문 요약
> (3문장 이내)을 5개의 세트로 분리해서 작성해 줘.
> 톤앤매너(tone & manner)는 치열한 일상을 살아가는
> 3040세대 직장인 성도들이 위로를 얻을 수 있도
> 록, 너무 교리적이지 않고 따뜻하며 공감 가는 어투
> 로 다듬어 줘."

이 단계를 거치면, 어디서부터 손대야 할지 몰라 막막했던 긴 설교 원고가 디자인 툴에 바로 복사해서 붙여 넣을 수 있는 정교하고 깔끔한 '텍스트 블록'으로 변환됩니다. 텍스트 준비가 완벽하게 끝난 것입니다.

Step 2. 배경 생성 '여백'을 디자인하라(제미나이, 미드저니 등)

이제 준비된 텍스트를 얹을 '배경 이미지'를 만들 차례입니다. 이미지 생성 AI를 사용할 때 목회자들이 가장 많이 놓치는, 그러나 가장 중요한 핵심 기술은 바로 '여백을 명확하게 요청하는 것'입니다.

앞서 언급했듯, AI에게 글씨까지 써 달라고 하면 망합니다.

AI에게는 오직 '깨끗한 배경'만을 요구해야 합니다. 글씨가 들어갈 넉넉한 자리가 있어야 비로소 실무에 사용할 수 있는 이미지가 됩니다.

> 🗌 ✏️ "수채화 스타일의 따뜻하고 평안한 일러스트를 그려 줘. 배경은 가을 추수감사절의 풍성함이 느껴지는 황금빛 밀밭과 맑은 하늘이야.
> 가장 중요한 조건: 이 이미지 위에 내가 나중에 직접 글씨를 입력할 예정이야. 그러니 복잡한 사물이나 인물은 화면의 테두리나 하단 쪽에만 작게 배치하고, 화면의 중앙과 상단 부분은 텍스트가 잘 보일 수 있도록 아주 깨끗하고 넓은 '여백'으로 비워 둬.
> 비율은 1:1(정사각형)로 해 줘."

이렇게 지시하면, AI는 텍스트를 돋보이게 해 줄 완벽한 '맞춤형 캔버스'를 생성해 냅니다. 인터넷에서 뻔한 무료 이미지를 뒤지며 저작권 문제로 전전긍긍할 필요 없이, 오직 우리 교회만의 독창적인 영적 배경이 단 1분 만에 탄생하는 순간입니다.

Step 3. 조립 및 후처리: 목자의 체온을 불어넣다
(캔바, 미리캔버스 등)

마지막 3단계는 목회자의 '손길'이 닿는 가장 중요한 영역입니다. 누구나 쉽게 웹에서 무료로 사용할 수 있는 직관적인 디자인 툴(캔바, 미리캔버스 등)에 접속합니다.

1. 배경 업로드: Step 2에서 AI가 만들어 준 '여백이 살아 있는' 배경 이미지를 디자인 툴에 불러와 슬라이드 배경으로 꽉 차게 깝니다.

2. 텍스트 배치: Step 1에서 AI가 미리 정리해 준 카드 뉴스 텍스트를 복사하여, 앞서 비워 둔 여백 위에 얹습니다.

3. 마지막 터치(화룡점정): 여기가 아트 디렉터의 역량이 발휘되는 곳입니다. 교회의 로고를 적절한 위치에 박습니다. 텍스트의 폰트(글꼴)를 가독성 높은 굵은 고딕체나 메시지의 깊이를 더해 주는 우아한 명조체로 바꿉니다. 스마트폰의 작은 화면으로 보는 성도들을 배려하여 글씨 크기를 키우고, 배경 색상에 묻히지 않도록 글씨에 옅은 그림자나 윤곽선을 넣습니다.

이 3단계의 분업 프로세스를 몸에 익히고 나면 놀라운 일이 벌어집니다. 과거 AI와 씨름하며 밤을 지새우거나, 파워포인트를 붙잡고 3시간씩 끙끙대며 진을 빼던 디자인 작업이 불과 20-30분 만에 전문가 수준으로 깔끔하게 완성됩니다. 시간은 획기적으로 줄고, 퀄리티는 폭발적으로 상승합니다.

교회 현장의 필수 시각 자료, 이렇게 기획하라

앞의 3단계 워크플로우를 바탕으로, 목회 현장에서 쉴 새 없이 요구되는 다양한 시각 자료들을 어떻게 기획하고 AI로부터 소스를 얻어 내는지 구체적인 적용 팁을 나누어 보겠습니다.

행사 홍보 포스터

행사 홍보 포스터(수련회, 여름 성경 학교, 부흥회 등)는 전봇대에 붙은 전단지처럼 한눈에 시선을 사로잡고 정보(일시, 장소)를 명확히 전달해야 합니다. 따라서 배경 이미지를 요청할 때 '오브젝트'(주제물)의 위치를 구석으로 밀어내고 여백을 크게 확보하는 것이 생명입니다.

> ☐ ✎ "우주를 탐험하는 기독교 어린이들의 뒷모습을 3D 애니메이션(픽사) 스타일로 밝게 그려 줘. 타이틀 문구와 행사 일정이 큼직하게 들어갈 수 있도록, 화면의 상단 1/2은 어두운 우주 배경의 여백으로 넓게 남겨 줘."

이후 캔바로 가져와 상단 여백에 크고 굵은 노란색 폰트로 "2026 여름 성경 학교: 우주를 넘어서"라는 타이틀을 강렬하게

174

없습니다.

매일 말씀 묵상(QT) 및 아침 만나 배경 이미지

매일 아침 성도들의 카카오톡으로 배달되는 말씀 카드는 시선을 뺏는 화려함보다는, 말씀을 깊이 묵상할 수 있는 '안정감과 여백'이 훨씬 중요합니다. 텍스트가 많이 들어가야 하므로, 질감이 살아 있는 단순하고 정돈된 배경이 좋습니다.

> □ ✎ "아침 햇살이 스며드는 조용한 숲속의 벤치 풍경. 따뜻한 유화 스타일. 화면 전체에 안개가 옅게 낀 것처럼 부드럽게 처리하고, 대비를 낮춰 줘. 그 위에 흰색이나 검은색 글씨를 빽빽하게 썼을 때 글씨가 아주 선명하게 잘 읽힐 수 있도록 배경을 튀지 않게 눌러 줘."

새 가족 환영 및 절기 인사 카드

추수감사절, 성탄절을 위한 카드 이미지는 '정서적 교감'이 최우선입니다. 사람의 미소나 따뜻한 상징물이 들어간 일러스트가 효과적입니다.

> "따뜻한 미소를 지으며 두 팔 벌려 환영하는 목동과 귀여운 양 떼의 일러스트. 몽환적이고 부드러운 파스텔 톤. 오른쪽 절반은 '환영합니다'라는 큰 글씨를 쓸 수 있게 여백으로 남겨 줘. 성별이나 인종이 너무 특정되지 않도록 약간은 동화적이고 추상적인 캐릭터로 표현해 줘."

화려한 껍데기보다 빛나야 할 메시지의 진정성

이 장을 통해 우리는 세련된 시각 자료를 빠르고 훌륭하게 만들어 내는 법을 배웠습니다.

하지만 목사님, 지금 치열하게 AI 기술과 분업의 지혜를 배우는 목적이 무엇입니까? 우리 교회의 인스타그램 피드를 예쁘게 꾸미기 위해서입니까? 유튜브 썸네일로 사람들의 시선을 끌어모으기 위한 얄팍한 마케팅을 위해서입니까? 결코 그렇지 않습니다.

아무리 AI로 기가 막힌 배경을 뽑아내고, 캔바를 이용해 세련된 폰트로 포장을 했다 한들, 그 안에 담긴 '텍스트'에 목회자의 피 묻은 묵상과 영혼을 향한 애통함이 없다면 그것은 현대판 '울리는 꽹과리'에 불과합니다.

디자인이라는 '기술적이고 행정적인 짐'을 분업하여 AI에게 과감히 위임하는 이유는 단 하나입니다. 주보의 레이아웃 선을 맞추고, 인터넷의 바다를 헤매며 저작권 없는 이미지를 찾느라 눈이 빠지게 모니터를 들여다보던 그 소모적인 시간을 아끼기 위함입니다.

그렇게 아낀 귀금속 같은 1-2시간을, 한 줄의 설교 요약문에 우리 성도들의 팍팍한 삶을 꿰뚫는 영적 통찰과 위로를 담아내는 데 온전히 쏟아붓기 위함입니다.

AI가 순식간에 그려 낸 아름다운 캔버스 위에, 목사님이 기도의 골방에서 눈물로 길어 올린 그 투박하지만 진실된 말씀의 문장을 또박또박 새겨 넣으십시오. 기술이 화려하게 발전할수록, 지친 성도들은 매끄러운 픽셀 조각보다 그 이미지 너머에서 온기를 전해 오는 '진짜 목자의 심장'에 더욱 목말라합니다.

목사님은 이 시대 최고의 영적 기획자이자 아트 디렉터입니다. AI라는 무한한 도화지와 물감을 마음껏 부리시되, 최종적인 작품의 화룡점정은 반드시 목사님의 땀방울과 성도를 향한 사랑으로 찍어 주시기를 바랍니다. 그때 비로소 목사님의 '스마트한 시각 목회'는 성도들의 영혼을 울리는 가장 따뜻한 도구가 될 것입니다.

책을 덮기 전, 오늘 배운 '분업의 3단계'를 지금 당장 컴퓨터 앞에서 실습해 보십시오.

1 텍스트 분해

이번 주 설교 원고 중 성도들의 반응이 가장 뜨거웠던 한 문단을 골라, GPT나 클로드에게 "인스타그램 카드 뉴스 3장 분량으로 요약하고, 30대 직장인이 공감할 수 있는 따뜻한 톤으로 다듬어 줘"라고 명령해 보십시오.

2 여백의 미학 실험

GPT나 제미나이에 접속하여, 설교 주제에 맞는 배경을 요청하되 반드시 "글씨를 큼직하게 쓸 수 있게 화면 중앙과 상단을 깨끗한 여백으로 비워 줘"라는 마법의 주문을 넣어 보십시오. AI가 여백을 이해하는 순간을 목격하실 수 있을 것입니다.

3 조립의 쾌감

미리캔버스나 캔바 웹사이트에 접속하여 빈 슬라이드를 엽니다. 2번에서 만든 이미지를 배경으로 꽉 차게 깐 뒤, 1번에서 다듬어진 텍스트를 복사해 얹어 보십시오.

내 손으로 직접 폰트(글꼴)를 고르고 그림자를 넣어 가독성을 높일 때 밀려오는 그 묘한 성취감과 해방감을 꼭 누려 보시길 바랍니다.

12

부담 없이 시작하는
'가성비'
설교 영상

♦

기술의 발전은 경이롭다. 하지만 목회자는 블록버스터 영화감독이 아니라, 한 영혼을 먹이는 영적 요리사다. 수백만 원짜리 최첨단 오븐이 있다고 해서, 매일 아침 성도들에게 먹일 따뜻한 밥상이 저절로 완성되는 것은 아니다. 목회자는 가장 현실적이고 효율적인 도구로, 가장 본질적인 양식을 만들어 내야 한다.

영상 앞에서 눈앞이 캄캄한 목회자

목사님, 저는 매일같이 쏟아져 나오는 최신 AI 기술을 분석하고 이를 서비스로 구현해 내는 AI 스타트업의 대표입니다. 하루가 다르게 변하는 기술의 최전선에서 기업을 경영하다 보면, 세상의 속도에 압도당할 때가 한두 번이 아닙니다. 하물며 영혼을 돌보는 사역에 집중해야 할 목회자들이 느끼는 압박감은 오죽하겠습니까.

최근 많은 목회자들을 만나면 한결같이 한숨을 뱉으며 하시는 말씀이 있습니다.

"대표님, 요즘 청년들이나 성도들은 다 유튜브 숏츠나 인스타그램 릴스만 본다면서요? 우리 교회도 1분짜리 세로 영상을 매주 올려야 할 것 같은데, 영상 편집의 '영' 자도 모르는 제가 이걸 어떻게 해야 할지 눈앞이 캄캄합니다."

성도들의 눈높이는 이미 대기업이 만든 스카이라운지에 가 있는데, 목회자의 현실은 지하 단칸방에서 영상 제작을 배우는 심정일 것입니다.

그러던 중, 목사님들의 눈을 번쩍 뜨이게 하는 뉴스가 연일 보도됩니다. "프롬프트 한 줄만 치면 AI가 1분짜리 영화를 만들어 준다!" 바로 이 지점에서 수많은 목회자들이 'AI 영상 생성'이라는 거대한 환상에 빠져들기 시작합니다.

저는 AI 기술을 직접 다루는 전문가의 입장에서, 그리고 목회 현장을 돕고자 하는 동역자의 마음으로, 이 환상의 실체와 그 이면에 숨겨진 청구서를 아주 냉정하게 분석해 드리고자 합니다.

영상 생성 AI와 '딸깍'의 배신

현재 글로벌 AI 영상 생성 시장을 뒤흔들고 있는 양대 산맥이 있습니다. 바로 오픈AI의 소라(Sora)와 구글의 최신 영상 모델

비오(Veo)입니다.

소라는 단순히 이미지를 이어 붙이는 수준을 넘어섭니다. 물리 법칙을 흉내 내어 카메라 앵글이 돌아가도 피사체의 형태가 유지되고, 텍스트 한 줄로 최대 1분 길이의 고해상도 영상을 생성해 내어 전 세계를 경악하게 했습니다. 한편, 구글의 비오는 고품질 영상 생성은 물론, 영상의 분위기와 시각적 맥락에 완벽하게 들어맞는 배경 음악 사운드 이펙트까지 스스로 생성해 내는 무시무시한 성능을 자랑합니다.

이러한 기술적 스펙터클을 지켜보는 많은 목회자들의 가슴이 뜁니다.

"야, 이거면 우리 교회도 프롬프트만 잘 치면 '다윗과 골리앗' 전투 장면을 넷플릭스 영화처럼 숏츠로 만들 수 있겠는데?"

"사도 바울의 전도 여행을 생생한 영상으로 만들어서 성도들에게 보여 주면 얼마나 은혜로울까?"

하지만 기술적 한계를 단호하게 말씀드립니다. 목사님, 이 거대한 '할리우드식 AI'는 당분간 지역 교회의 일상적인 사역 도구로 쓰일 수 없습니다. 이들은 매주 숏츠를 뽑아 내야 하는 목회자를 위한 도구가 아니라, 막대한 자본이 투입되는 상업 광고나 영화 산업을 타겟으로 한 오버테크놀로지입니다. 그 이유는 '비용'과 '시간'이라는 두 가지 치명적인 장벽 때문입니다.

비용과 시간의 늪

첫째, 영상 AI는 근본적으로 돈 먹는 하마입니다. 텍스트를 요약하거나 이미지를 한 장 그리는 것은 AI 서버 입장에서 가벼운 연산입니다. 하지만 1초에 30장 이상의 이미지를 연속적으로 생성하고 물리적 움직임까지 계산해야 하는 영상 AI는 엄청난 양의 GPU와 전기 에너지를 소모합니다.

따라서 소라나 비오 같은 최상위 모델들은 결코 저렴하게 서비스될 수 없습니다. 대본 작성을 위해 GPT 플러스를 결제하고(약 3만 원), 영상 소스 생성을 위해 고가의 AI 플랜을 구독하고, 혹여나 AI 아바타(헤이젠[HeyGen] 등)나 AI 더빙(일레븐랩스 [ElevenLabs] 등)까지 쓰게 된다면 이른바 '구독 스태킹' 현상이 발생합니다. 순식간에 매월 10-20만 원의 고정 지출이 발생합니다. 중소형 교회 예산에서 매달 20만 원 상당의 달러를 해외 AI 기업에 지불하는 것이 과연 올바른 물질의 청지기직일까요?

둘째, 가장 뼈아픈 문제는 바로 '시간의 역설'입니다. AI가 시간을 벌어 줄 것이라는 착각에서 깨어나셔야 합니다. 영상 생성 AI는 통제가 매우 까다롭습니다. '모세가 홍해를 가르는 장면'을 명령해도, 모세의 손가락이 6개로 나오거나 바닷물이 하늘로 솟구치는 '환각 문제' 현상이 발생합니다.

이 미세한 오류를 잡기 위해 프롬프트를 수십 번 수정하고, 다시 생성되기를 기다리는 데만 꼬박 하루가 걸립니다. 어렵게 영상을 뽑아 내도 끝이 아닙니다. 여기에 설교 자막을 입히고, 컷을 맞추고, 어색한 부분을 잘라 내는 '인간의 노가다'가 기다리고 있습니다.

1분짜리 화려한 AI 숏츠를 만들기 위해 목사님이 모니터 앞에서 5시간을 씨름해야 한다면, 이는 본질의 전도입니다. 주보를 만들고 잡무를 하느라 에너지를 다 써 버려 탈진하는 것과 똑같은 번아웃의 늪에 빠지게 됩니다.

목회자의 24시간 중 행정적 잡무를 처리하느라 단절되는 시간을 막기 위해 AI를 도입하는 것인데, 오히려 AI 영상을 만드느라 성도를 위해 기도할 시간마저 빼앗긴다면 그것은 완벽한 실패입니다.

무에서 유를 창조하지 말고 '재가공'하라

그렇다면 목회 현장의 숏폼 사역은 포기해야 할까요? 전혀 그렇지 않습니다. 스타트업 업계에는 '원 소스 멀티 유즈'(OSMU: One Source Multi-Use)라는 생존 전략이 있습니다. 하나의 잘 만들어진 핵심 자원을 여러 형태로 변형하여 최소한의 비용으로 최대의 효과를 뽑아 내는 것입니다. 목회 현장에 이 전략을 대입해 보십시오.

목사님, 교회에서 매주 가장 많은 에너지가 투입되며 생산

되는 '최고급 원본 데이터'는 무엇입니까? 바로 '주일 예배 설교 영상'입니다.

목사님은 이미 일주일 내내 본문을 연구하고, 기도하며, 카메라 앞에서 40분에 달하는 훌륭한 설교 영상을 생산해 내고 계십니다. 왜 굳이 월 10만 원씩 내 가며 엉성한 AI 가짜 영상을 만들려 하십니까? 성도들이 1분짜리 영상에서 진짜 보고 싶은 것은 할리우드급 CG가 아니라, 나를 위해 애통해하시는 우리 목사님의 '진짜 목소리'와 '진짜 눈빛'입니다.

따라서 우리는 영상 사역의 패러다임을 '생성'에서 '재가공'으로 완전히 전환해야 합니다. 이 지점에서 AI는 돈 먹는 하마가 아니라, 목사님의 시간을 획기적으로 구원해 줄 '초정밀 수술칼'로 변신합니다.

텍스트 기반 편집의 혁명

40분짜리 설교에서 1분짜리 하이라이트를 잘라 내는 일은 과거에는 지옥 같은 노동이었습니다. 프리미어 프로(Premiere Pro)를 열어 영상을 처음부터 다시 보며, 마우스로 1초 단위의 타임라인을 자르고 붙여야 했기 때문입니다.

하지만 이제 '텍스트 기반 편집' 기술이 이 모든 판도를 뒤집었습니다. 이 기술을 완벽하게 구현하는 대표적인 두 가지 AI

도구가 바로 브루와 캡컷입니다.

브루(Vrew)-아래아 한글처럼 영상을 편집하다

국내 스타트업이 개발한 브루는 음성 인식 기술의 결정체입니다. 목사님의 40분짜리 설교 영상을 브루에 불러오면, AI가 목사님의 목소리를 분석하여 단 2-3분 만에 전체 영상의 자막을 텍스트 문서로 쫙 뽑아 냅니다.

화면 좌측에는 영상이, 우측에는 텍스트가 뜹니다. 마법은 여기서 시작됩니다. 우측 텍스트 창에서 "어…", "그러니까", "오늘 주보에서 보셨듯이" 같은 불필요한 문장이나 단어를 백스페이스 키로 지우면, 그에 해당하는 영상 구간도 '자동으로' 잘려 나갑니다. 영상을 눈으로 보면서 자르는 것이 아니라, 글을 읽으며 오타를 지우듯 편집하는 것입니다.

워드프로세서를 다룰 줄 아는 분이라면, 40분 설교를 1분으로 압축하는 컷 편집을 단 10분 만에 끝낼 수 있습니다. 이 과정에 들어가는 비용은 무료이거나 월 1만 원 내외에 불과합니다.

캡컷(CapCut)-모바일 숏폼 최적화의 제왕

만약 PC를 켤 시간조차 부족하다면, 스마트폰 앱인 캡컷이 최고의 대안입니다. 영상을 불러와 '자동 캡션' 버튼을 누르기만 하면 AI가 1분짜리 숏츠의 자막을 순식간에 달아 줍니다.

특히 젊은 세대가 좋아하는 역동적인 자막 효과(말하는 속도에 맞춰 글자 색이 칠해지는 가라오케 효과 등)를 클릭 한 번에 입힐 수 있어, 스마트폰 하나로 가장 트렌디한 숏폼을 완성할 수 있습니다.

15분 숏츠 제작 워크플로우

1. 기획: 40분 설교를 다 돌려 보지 마십시오. GPT나 클로드에게 설교 원고를 주고 "이 중에서 30대 직장인이 출근길에 위로받을 수 있는 가장 강력한 1분(300자 내외) 구간 1곳을 발췌해 줘"라고 명령하여 '자를 곳'을 찾습니다.

2. 편집 브루 활용: 설교 영상을 브루에 넣고, 앞서 찾은 1분 구간의 텍스트만 남긴 채 앞뒤 39분 분량의 텍스트를 드래그해서 모두 '삭제'합니다. 영상이 마법처럼 1분으로 압축됩니다.

3. 비율 변환: 유튜브 숏츠나 인스타그램 릴스를 위해 영상 비율을 16:9(가로)에서 9:16(세로)으로 클릭 한 번에 변환합니다.

왜 '자막'이 목숨줄인가?

앞의 과정에서 가장 중요한 핵심이 하나 남아 있습니다. 바로 '자막'입니다. 브루와 캡컷을 사용하는 가장 큰 목적도 결국 자동 자막을 달기 위함입니다. 왜 자막이 그토록 중요할까요?

과거의 성도들은 각 잡고 앉아 스피커 볼륨을 켜고 설교를 '들었습니다.' 하지만 현대인들은 완전히 다른 문법으로 미디어를 소비합니다. 출퇴근길에서, 회사 화장실 변기에 앉아서, 혹은 가족들이 잠든 밤 어두운 방 안 침대에 누워서 스마트폰을 위아래로 쓸어 넘깁니다.

메타(Meta)의 통계에 따르면, 모바일 숏폼 영상의 압도적인 다수가 '무음 상태'로 재생됩니다. 이때 목사님의 은혜로운 설교 영상이 그들의 스마트폰 화면에 나타났다고 가정해 보겠습니다. 만약 영상에 큼직하고 친절한 자막이 없다면 어떻게 될까요? 시청자는 그 영상이 무슨 말을 하는지 1초 만에 파악할 수 없기에, 무자비하게 손가락을 튕겨 다음의 자극적인 영상으로 넘어가 버립니다. 자막이 없는 설교 숏츠는 소리 없는 세상의 입만 벙긋거리는 무성 영화와 같습니다.

자막은 단순히 청각 장애인을 위한 보조 수단이 아닙니다. 자막은 1초의 기다림도 허락하지 않는 현대인들의 시선을 확 낚아채는 '복음의 시각적 닻'입니다.

브루나 캡컷이 만들어 준 자막을 한 화면에 두 줄이 넘어가지 않게 가독성 좋게 다듬고, 세로 영상 상단의 빈 공간에는 "내 인생이 계획대로 풀리지 않아 답답할 때"와 같은 강력한 후킹 텍스트를 고정해 두십시오. 무음으로 스크롤을 넘기던 성도들이 그 텍스트를 보는 순간, 스스로 스마트폰의 볼륨 버튼을 올리게 될 것입니다.

진짜 혁신은 본질을 향한 '효율'에 있다

|

많은 목회자들이 교회 사역에 '효율'이라는 단어를 쓰는 것을 세상 기업의 논리라며 꺼리십니다. 기도로 뚫어야지 무슨 기술을 쓰느냐고 질책받을까 두려워하십니다.

하지만 사역에서의 효율화는 단순히 일을 빨리 끝내고 쉬기 위함이 아닙니다. 가장 중요한 일(영혼 구원과 기도)에 목사님의 생명을 쏟아붓기 위해, 덜 중요한 일(영상 자막 달기, 편집 컷 맞추기)에서 에너지를 철저하게 아끼는 거룩한 지혜입니다.

오늘날의 AI 편집 툴들은 목사님을 돕기 위해 파송된 '디지털 천부장, 백부장'과 같습니다. 소라나 비오 같은 고비용의 환상에 목매지 마십시오. 이미 가지고 있는 훌륭한 설교 영상을 AI 편집 툴(브루, 캡컷)이라는 가성비 좋은 칼로 잘라 내어, 자막이라는 친절한 옷을 입혀 세상에 내보내십시오.

행정의 시간을 줄여야 기도가 삽니다. 불필요한 영상 편집 시간을 줄이고, 그 남은 시간에 강단에 엎드려 성도들의 이름을 부르며 기도하십시오. 그것이 숏폼 시대에도 흔들리지 않는 진짜 목회, 목사님이 지향해야 할 '따뜻한 스마트 목회'의 완성입니다.

🎲 실전 과제: 나의 첫 번째 '가성비' 설교 숏츠 만들기

1 보석 발굴하기

이번 주 주일 설교 원고를 GPT(또는 클로드)에 넣고 다음
과 같이 프롬프트를 입력하십시오.

"이 원고에서 유튜브 숏츠로 만들면 지친 직장인들에게 가장
위로가 될 1분(300자 내외) 구간 1곳만 정확히 찾아 줘."

2 AI 경험하기

PC에 브루를 설치하거나 스마트폰에 캡컷 앱을 설치하
십시오. 이번 주 설교 영상을 불러온 뒤, AI가 전체 자막
을 생성하면 1번에서 찾은 핵심 1분 구간만 남기고 앞뒤
텍스트를 모두 '삭제'해 보십시오. 영상이 마법처럼 1분
으로 잘려 나가는 쾌감을 느끼실 수 있을 것입니다.

3 자막과 제목 달기

비율을 세로(9:16)로 맞추고, 영상 상단 여백에 성도들의
시선을 멈추게 할 강력한 제목("하나님이 침묵하시는 것 같을
때" 등)을 적어 넣으십시오.

4 공유의 기쁨

완성된 1분 세로 영상을 교구 카카오톡 단톡방이나 인
스타그램에 공유해 보십시오. 단 15분의 투자로, 성도들
의 일상에 어떤 파장이 일어나는지 직접 확인해 보시기
바랍니다.

13

성도에게
실제로 닿을
'공들인' 묵상 영상

♦

복음은 변하지 않지만, 복음을 담는 그릇은 시대에 따라 유연하게 변해야 한다.
최첨단 기술은 화려한 포장지를 만드는 도구가 아니라,
우리의 진실한 메시지가 세상의 거대한 소음 속을 뚫고
지나갈 수 있도록 달아 주는 강력한 '날개'다.

'조회수 15회'의 벽 앞에서 절망할 때

목사님, 앞 장에서 우리는 1억 원짜리 할리우드 AI의 환상에서
빠져나와, 목사님의 설교 원본을 1분짜리 숏츠로 잘라 내고 자
막을 입히는 '가성비 편집'의 세계로 진입했습니다.

브루와 캡컷이라는 무기를 손에 쥐셨다면, 이제 목사님은
웬만한 중소형 교회의 미디어팀 부럽지 않은 1인 방송국을 구
축하신 셈입니다.

하지만 현장에서 수많은 목회자들을 컨설팅하다 보면, 여전히 다음과 같은 두 가지 거대한 장벽에 부딪혀 한숨을 내쉬는 분들을 자주 만납니다.

"저희 교회는 개척 교회라 조명도 어둡고 배경도 초라합니다. 제 얼굴이 화면에 대문짝만하게 나가는 것이 너무 부담스러워서 아예 시도조차 못하겠어요."

"용기를 내서 숏츠를 만들어 올렸는데, 조회 수가 '15회'에서 멈춥니다. 아무도 안 보는데 이 고생을 계속해야 하나 싶어 자괴감이 듭니다."

충분히 공감합니다. 아무리 편집이 쉬워져도 '카메라 울렁증'과 '저조한 조회 수'는 사역의 동력을 갉아먹는 치명적인 독소입니다. 하지만 포기하기엔 이릅니다. 이번 장에서는 카메라 없이도 압도적인 퀄리티의 영상을 만들어 내는 '얼굴 없는 설교자' 전략과, 정성껏 만든 영상이 알고리즘의 선택을 받아 성도들에게 닿게 만드는 'AI 활용 배포 전략'을 낱낱이 파헤쳐 보겠습니다.

AI 보이스와 스톡 영상의 결합

"꼭 목사님의 얼굴이 영상에 나와야만 은혜가 될까요?"

저는 이 질문에 단호하게 "아닙니다"라고 대답합니다. 성도들이 매일 아침 출근길에 1분짜리 묵상(QT) 영상을 볼 때, 그들에게 진짜 필요한 것은 흔들리는 목사님의 동공이나 어두운 강단 배경이 아닙니다. 마음을 어루만지는 따뜻한 '목소리'와, 말씀에 깊이 몰입하게 해 주는 평안한 '시각적 배경'입니다.

만약 카메라 장비가 없거나 영상에 나서는 것이 부담스럽다면, 무리해서 영상을 찍지 마십시오. 대신 스타트업에서 제품 소개 영상을 만들 때 가장 즐겨 쓰는 '보이스오버(Voice-over) 기법'을 목회에 도입하십시오.

이 기법의 준비물은 단 두 가지입니다. 바로 '감성적인 AI 목소리'와 '무료 고화질 배경 영상'입니다.

기계음을 넘어선 영혼의 울림

과거 안내 데스크에서나 듣던 딱딱한 기계음(ARS)을 상상하시면 안 됩니다. 최근의 AI 음성 합성 기술은 사람의 숨소리, 떨림, 감정의 높낮이까지 완벽하게 모사합니다. 일레븐랩스, 혹은 앞서 배운 브루에 내장된 AI 목소리 중 40-50대 남성/여성의 차분하고 신뢰감 있는 목소리를 하나 선택하십시오.

목사님이 GPT를 활용해 다듬은 1분 분량(약 300자)의 아침 묵상 원고를 복사해서 브루에 붙여 넣기만 하면, AI가 전문 성우 뺨치는 따뜻한 목소리로 목사님의 원고를 대신 읽어 줍니다. 마이크를 세팅하고 조용한 곳을 찾아 수십 번 녹음을 다시 해야 했던 '공간과 시간의 제약'이 완벽하게 사라지는 순간입니다.

무료 스톡 영상의 활용

목소리가 준비되었다면 밋밋한 검은 화면을 채워야 합니다. 이때 픽사베이(Pixabay), 펙셀스(Pexels)와 같은 무료 상업용 이미지/영상 사이트를 방문하십시오.

목사님의 메시지 주제가 "고난 속의 평안"이라면 잔잔하게 부서지는 파도 영상을, "새로운 소망"이라면 숲속으로 쏟아지는 아침 햇살 영상을 다운로드합니다. 스마트폰 세로 비율(9:16)에 맞는 영상들이 무궁무진하게 널려 있습니다.

카메라 없는 15분 묵상 영상 제작 워크플로우

1. GPT로 1분 묵상 텍스트 초안을 다듬어 준비합니다.
2. 브루를 열고 [새로 만들기]-[AI 목소리로 시작하기]를 누릅니다. 텍스트를 붙여 넣고 차분한 목소리를 고릅니다. AI가 순식간에 음성과 자막을 생성합니다.
3. [삽입] 탭에서 다운로드해 둔 '파도치는 무료 영상'을 배경으로 꽉 차게 덮어 씌웁니다.
4. 글씨체(폰트)를 명조체 계열로 우아하게 바꾸고 [내보내기]를 누릅니다.

단 15분 만에, 고가의 카메라 없이도 웬만한 기독교 방송국 수준의 아름답고 감성적인 '얼굴 없는 아침 묵상' 영상이 탄생했습니다. 목사님의 얼굴이 보이지 않아도, 텍스트에 담긴 깊은 묵상과 AI의 따뜻한 목소리가 결합되어 성도들의 아침을 완벽하게 열어 줄 것입니다.

자, 이제 얼굴이 나오든 안 나오든 영상을 매끄럽게 만들 준비가 되었습니다. 하지만 편집 툴(브루, 캡컷)을 처음 다루는 분들이 흔히 놓치는 디테일이 있습니다. 이 1%의 디테일을 잡아야 영상이 루즈해지지 않고 끝까지 시청자(성도)를 붙잡아 둘 수 있습니다. 대표적인 두 가지 꿀팁을 공개합니다.

무음 구간 줄이기

설교를 하다 보면 원고를 보느라, 혹은 감정을 추스르느라 말이 끊기는 공백(1-2초)이 반드시 존재합니다. 현장에서는 이 침묵도 은혜지만, 스마트폰의 숏폼 생태계에서 1초의 침묵은 곧 '이탈'을 의미합니다. 지루함을 참지 못하고 스크롤을 넘겨 버리기 때문입니다.

이때 브루 상단에 있는 [무음 구간 줄이기] 버튼을 클릭해 보십시오. AI가 영상 전체를 스캔하여 말이 없는 0.5초 이상의 공백을 감쪽같이 찾아내어 자동으로 다 잘라 버립니다.

이 버튼 하나를 누르는 순간, 목사님의 설교는 마치 1타 강사의 강의처럼 숨 쉴 틈 없이 매끄럽고 몰입감 넘치는 속도감을 가지게 됩니다. 영상의 이탈률을 방어하는 최고의 무기입니다.

화면의 단조로움을 깨는 인서트 삽입

목사님의 얼굴만 1분 내내 나오는 영상은 시각적으로 지루할 수 있습니다. 예를 들어, 설교 중 "모세가 지팡이를 들고 손을 내밀어 홍해를 갈랐을 때"라는 대목이 나온다면, 그 부분의 자막 위로 '거센 파도' 사진이나 '지팡이' 일러스트가 2-3초간 화면 전체를 덮도록 삽입해 보십시오. 방송 용어로 이를 '인서트'(insert) 또는 '비롤'(B-Roll)이라고 합니다.

브루의 [무료 이미지/비디오] 탭을 열고 '파도'라고 검색하여 클릭 한 번만 하면, 목사님의 얼굴 위로 파도 영상이 자연스럽게 덮였다가 사라집니다. 이런 작은 화면 전환 1-2개만 들어가도 영상의 퀄리티는 폭발적으로 상승합니다.

영상을 성도들의 손에 '배달'하는 AI의 지혜

목사님, 영상 편집의 노하우를 터득했더라도 마지막 관문이 남아 있습니다. 바로 유튜브와 인스타그램이라는 차가운 알고리즘의 벽입니다.

"은혜로운 설교 숏츠를 올렸는데 왜 조회 수가 10회에서 멈

출까요?"

가장 큰 이유는 '제목'과 '설명', 그리고 '태그'(#)를 소홀히 했기 때문입니다. 유튜브 알고리즘은 목사님의 영상 안에 얼마나 엄청난 영적 진리가 담겨 있는지 스스로 깨닫지 못합니다. 알고리즘은 오직 목사님이 적어 놓은 텍스트(제목, 태그)를 분석하여 이 영상을 누구에게 노출해 줄지 결정합니다. 여기서 우리는 또다시 AI의 도움을 받아야 합니다.

알고리즘 정복을 위해 영상을 업로드하기 전, GPT를 켜고 방금 만든 숏츠의 원고를 입력한 뒤 이렇게 명령해 보십시오.

□　✎　"나는 지금 이 1분짜리 설교 텍스트를 유튜브 숏츠와 인스타그램 릴스에 올릴 거야. 타겟은 30-50대 직장인과 육아맘이야.

1. 무심코 스크롤을 넘기던 사람도 반드시 클릭하고 싶게 만드는 자극적이지 않으면서도 공감을 이끌어 내는 후킹 제목 5개를 추천해 줘. (예: 주일 설교 3편 (X) → 내 인생이 계획대로 안 풀려 답답할 때 (O))

2. 유튜브 알고리즘이 이 영상을 정확히 분류하고 검색에 걸리게 할 수 있도록, 관련성 높은 핵심 해시태그(#) 10개를 뽑아 줘. (예: #기독교 #말씀묵상 #번아웃극복 등)

3. 영상 밑에 들어갈 3줄짜리 짧고 따뜻한 설명글도 써 줘."

이렇게 AI가 분석해 준 제목과 태그를 그대로 복사해서 유튜브 업로드 창에 붙여 넣으십시오. "2026년 4월 첫째 주 설교 요약"이라는 무미건조한 제목 대신, "열심히 살아도 왠지 모르게 허무함이 밀려올 때"라는 AI가 추천한 제목을 다는 순간, 성도들뿐만 아니라 우연히 알고리즘을 타고 들어온 비신자들의 클릭률까지 극적으로 치솟는 것을 경험하실 수 있을 것입니다.

은혜로운 말씀이 담긴 영상은 성도들의 안방으로, 출퇴근 길로 '배달'되어야만 비로소 생명력을 얻습니다. AI는 이 배달을 가장 정확한 주소로, 가장 매력적인 포장지로 감싸서 보내 주는 최고의 탁송 업체입니다.

완벽한 준비보다 위대한 것은 '지금 바로 실행하는 것'이다

스타트업을 경영하다 보면 가장 피해야 할 함정이 바로 '완벽주의'입니다. 완벽한 제품을 만들겠다고 골방에서 1년을 허비하는 회사보다, 약간 어설프더라도 핵심 기능(MVP)만 담아 일주일 만에 시장에 출시하고 고객의 반응을 보며 수정해 나가는 회사가 결국 승리합니다.

목회 현장의 숏폼 사역도 이와 정확히 일치합니다. 조명이 부족해서, 카메라가 좋지 않아서, 편집 실력이 엉성해서 영상 올리기를 주저하지 마십시오. 스마트폰으로 대충 찍었거나, 얼굴 없이 무료 영상에 AI 목소리만 입힌 투박한 1분짜리 영상이라도 일주일에 한 번씩 '꾸준히' 성도들의 카카오톡과 인스타그램에 배달되는 것이 100배는 더 훌륭합니다.

알고리즘은 1년에 한 번 올라오는 대형 교회의 완벽한 블록버스터 영상보다, 매주 일정한 요일에 꾸준하게 올라오는 동네 교회의 소박한 숏츠를 더 신뢰하고 더 널리 밀어 줍니다.

목사님, 영상 편집의 진입 장벽은 브루와 캡컷이 완벽하게 무너뜨렸습니다. 썸네일과 제목의 고민은 GPT가 해결해 주었습니다.

이제 남은 것은, 이 스마트한 비서들을 데리고 강단 위에서만 머물던 목사님의 귀한 말씀을 성도들의 팍팍한 일상 속으로 흘려보내는 목사님의 '용기 있는 실행'뿐입니다.

화려한 효과음보다 더 강렬한 것은 진실된 메시지입니다. 이번 주, 투박하더라도 목사님만의 첫 번째 '1분 복음'을 세상의 바다에 띄워 보시길 간절히 응원합니다.

🔲 실전 과제: 얼굴 없는 1분 묵상가(QT) 되기

이 책을 읽고 있는 지금, 당장 스마트폰이나 PC를 켜고 다음
의 과정을 따라 해 보십시오.

1 원고 기획

GPT를 열고 "오늘 나눌 1분 분량(약 300자)의 따뜻한 시편
23편 묵상 글을 적어 줘. 지친 40대 가장들을 위로하는
말투로"라고 입력하여 텍스트를 복사합니다.

2 AI 보이스 입히기

브루를 열고 [AI 목소리로 시작하기]를 선택합니다. 복
사한 원고를 붙여 넣고, 중저음의 신뢰감 있는 남성/여
성의 목소리를 선택합니다.

3 스톡 영상 덮기

브루 안의 [무료 비디오] 탭에서 '양 떼'나 '초원'을 검색
하여, 밋밋한 화면 위에 자연스러운 풍경 영상을 꽉 차
게 삽입합니다.

4 마법 버튼 누르기

상단의 [무음 구간 줄이기]를 클릭하여 어색한 공백을
없애고, 제목을 "아무리 노력해도 쉴 곳이 없다고 느껴
질 때"라고 달아 추출(내보내기)합니다.

5 목양의 시작

완성된 영상을 교역자 카카오톡 단톡방이나 가까운 성
도 3명에게 보내 반응을 확인해 보십시오. 카메라 없이
도 목사님의 따뜻한 숨결이 어떻게 전달되는지 목격하
는 놀라운 하루가 될 것입니다.

14

다음 세대와
바이브코딩으로 만드는
성경 게임

◆

다음 세대는 스마트폰을 손에 쥐고 태어난 '디지털 네이티브'다.
색종이를 오려 붙이는 아날로그 공과 공부만으로는 로블록스(Roblox)와
마인크래프트(Minecraft)에 빼앗긴 아이들의 시선을 되찾을 수 없다.
이제 아이들을 게임의 '소비자'로 내버려두지 말고,
AI라는 도구를 쥐여 주어 복음을 담아내는 '창작자'로 초대하라.

스마트폰에 빼앗긴 아이들을 창작자로 초대하는 법

목사님, 주일학교 예배당의 풍경을 한번 떠올려 보십시오. 찬
양과 설교 시간이 지나고 2부 순서(공과 공부나 레크리에이션)가 시
작되면, 아이들의 모습은 둘 중 하나입니다. 지루해서 몸을 비
비 꼬거나, 몰래 스마트폰을 꺼내어 모바일 게임을 하거나.

교사들은 매주 고민합니다. '어떻게 하면 아이들이 성경에
흥미를 느끼게 할 수 있을까?'

윷놀이, 몸으로 말해요, 빙고 게임 등 수많은 레크리에이션을 준비하지만 아이들의 반응은 예전 같지 않습니다. 세상의 자극은 너무나 강렬하고 화려한데, 주일학교의 도구는 여전히 20년 전의 아날로그에 머물러 있기 때문입니다.

저는 교회 교육 부서에 완전히 새로운 패러다임을 제안하고 싶습니다. 아이들이 그토록 좋아하는 '게임'을 막을 수 없다면, 아이들과 함께 '성경적 게임'을 직접 만드는 사역을 시작해 보십시오.

"저는 코딩의 'C' 자도 모르는 컴맹인데요? 교사들도 문과 출신이고, 아이들에게 프로그래밍을 가르칠 여력은 없습니다."

맞습니다. 과거에는 게임을 하나 만들려면 C언어나 파이썬(Python), 자바스크립트(JavaScript) 같은 복잡한 컴퓨터 언어를 수년간 배워야 했습니다. 그것은 마치 중력을 거스르는 것처럼 무겁고 힘든 일이었습니다. 하지만 이제 우리는 코딩의 문법을 전혀 몰라도, 오직 '인간의 언어'(자연어)만으로 소프트웨어를 만들어 내는 마법 같은 시대에 진입했습니다. 우리는 이것을 '바이브 코딩'(Vibe Coding)이라고 부릅니다.

이 장에서는 구글 AI 스튜디오(Google AI Studio)와 바이브 코딩 기법을 활용하여, 목회자와 주일학교 교사, 아이들이 함께 머리를 맞대고 단 20분 만에 '성경 레크리에이션 게임'을 뚝딱 코딩해 내는 기적 같은 사역의 현장으로 안내합니다.

개발자가 알려 주는 '바이브 코딩'의 비밀

최근 IT 업계를 강타한 신조어인 '바이브 코딩'은 프로그래밍 언어의 복잡한 문법을 몰라도, 사람의 느낌과 생각, 기획 의도를 말로 설명하기만 하면 AI가 그것을 완벽한 코드로 번역하여 실행해 주는 방식을 뜻합니다. 마치 중력을 없애 버린 '안티그래비티'(Anti-gravity) 상태처럼, 코딩의 진입 장벽(마찰력)이 완전히 0이 된 상태를 의미합니다.

개발자의 시선에서 볼 때, 이것은 인류 역사상 가장 위대한 '창작의 민주화'입니다. 이제 중요한 것은 '코드를 타이핑하는 기술'이 아니라, '무엇을 만들 것인가를 기획하는 상상력'입니다.

이러한 바이브 코딩을 주일학교 사역에 도입하면 엄청난 교육적 효과가 발생합니다.

> 1. 능동적 학습
> 아이들은 다윗과 골리앗 이야기를 그저 듣는 것에서 끝나지 않고, '다윗이 물매 돌을 던져 골리앗의 체력을 깎는 게임'의 기획자가 됩니다.
> 2. 복음의 내재화
> 게임의 규칙과 스토리를 짜기 위해 아이들은 성경 본문을 스스로 깊이 파고들 수밖에 없습니다.
> 3. 미래 세대 리더십

AI를 '숙제 베끼는 도구'가 아니라 '내 상상을 현실로 만드는 창작의 도구'로 올바르게 사용하는 법을 교회에서 가장 먼저 배우게 됩니다.

자, 그렇다면 복잡한 개발 프로그램 설치 없이, 웹 브라우저 하나만으로 아이들과 함께 성경 게임을 만드는 실전 파이프라인을 구축해 보겠습니다.

클로드 아티팩트로 게임 만들기

가장 직관적이고 시각적인 충격을 줄 수 있는 방법입니다. 텍스트 AI인 클로드의 아티팩트(Artifacts) 기능을 켜거나, GPT를 활용하면 우리가 입력한 프롬프트가 즉시 플레이 가능한 게임 화면으로 튀어나옵니다.

주일학교 반별 모임 시간에 노트북이나 태블릿을 가운데 두고 아이들과 이렇게 프로젝트를 시작해 보십시오.

1단계: 기획 회의

· 선생님: "얘들아, 오늘 다윗과 골리앗에 대한 말씀을 들었지? 우리가 다윗이 되어서 골리앗을 무찌르는 스마트폰 게임을 직접 만들어 볼 거야. 게임 규칙을 어떻게 정

하면 좋을까?"

· 아이들: "돌멩이를 5회 던질 수 있게 해요!" "골리앗 체력
이 100인데 한 번 맞을 때마다 20씩 깎이게 해요!" "명중
하면 '할렐루야!' 소리가 나오게 해 주세요!"

2단계: AI에게 바이브 전달하기

아이들의 아이디어를 모아, 목사님이나 교사가 AI에게 '기
획서'를 말하듯 프롬프트를 입력합니다. 개발자처럼 논리적으
로 명령하는 것이 핵심입니다.

☐ ✎ "너는 지금부터 천재적인 HTML5 및 자바스크립트
(JS) 게임 개발자야.
주일학교 아이들이 즐길 수 있는 '다윗과 골리앗 미
니 웹 게임'을 코딩해 줘. 한 개의 HTML 파일(CSS,
JS 포함)로 작성해 줘.

· 게임 기획 및 규칙
1. 화면 중앙에 거대한 골리앗 캐릭터(이모티콘이나 단
순한 도형)가 있어. 체력 바(HP 100)가 머리 위에 표
시돼.
2. 화면 아래에는 '물매 돌 던지기' 버튼이 있어.
3. 플레이어(다윗)가 버튼을 누르면, 화면 아래에서
위로 돌멩이가 날아가는 애니메이션이 나와야 해.
4. 돌멩이가 골리앗에게 적중하면 체력이 20-30 사

이에서 랜덤으로 깎여. 이때 화면에 '명중!'이라는 글씨가 떠야 해.

5. 만약 돌멩이를 5회 던지기 전에 골리앗 체력이 0이 되면 화려한 폭죽 효과와 함께 '여호와의 이름으로 승리했습니다!'(삼상 17:45)라는 성경 구절 팝업이 떠야 해.

6. 실패하면 '다시 기도하고 도전하세요!'라는 문구가 나와.

7. 디자인은 스마트폰에서 하기 좋게 세로형 모바일 비율로 깔끔하게 구성해 줘."

3단계: 실행과 피드백

AI는 단 20초 만에 완벽한 코드를 짜 냅니다. 클로드의 아티팩트 화면에서는 곧바로 그 코드가 실제 게임으로 구동됩니다. 아이들은 눈앞에서 자신들이 말한 규칙이 게임으로 튀어나오는 것을 보며 탄성을 지릅니다.

· 선생님: "어때? 게임을 해 보니까 골리앗이 너무 빨리 쓰러지지 않아?"

· 아이들: "맞아요! 체력을 200으로 늘리고, 가끔 골리앗이 방패로 막는 기능도 넣어 주세요!"

· 선생님: "좋아! AI에게 다시 수정해 달라고 해 보자." (AI에 추가 프롬프트를 입력합니다.)

이 과정 자체가 훌륭한 '애자일(Agile) 개발 방식'이자, 성경을 몰입하여 배우는 최고의 레크리에이션 사역입니다.

완성된 코드는 무료 호스팅 사이트(깃허브[GitHub] 등)에 올려 링크나 QR코드로 변환한 뒤, 부모님들에게 카카오톡으로 보내 줄 수 있습니다. "오늘 3반 아이들이 성경 공부 시간에 직접 코딩한 게임입니다!"라는 메시지와 함께 말이지요. 부모님들의 교회 교육에 대한 신뢰도는 수직 상승할 것입니다.

구글 AI 스튜디오로 만드는 '인터랙티브 텍스트 RPG' 게임

만약 아이들에게 역사적 상상력과 논리적 사고력을 길러 주고 싶다면, 구글의 개발자 플랫폼인 구글 AI 스튜디오를 활용해 '인터랙티브 텍스트 어드벤처 게임'을 만드는 것을 추천합니다.

이것은 과거 유행했던 'MUD 게임'이나 '선택형 스토리북'과 같습니다. 구글 AI 스튜디오의 '시스템 지시어'(System Instructions) 기능을 활용하면, AI에게 완벽한 페르소나와 게임 시스템을 주입할 수 있습니다.

사역 기획: 바울의 선교 여행 시뮬레이터

중고등부 학생들과 사도행전을 배울 때 적용하기 완벽한 모델입니다.

1. 구글 AI 스튜디오 접속: 웹 브라우저에서 구글 AI 스튜디오(aistudio.google.com)에 접속하여 새 프롬프트를 엽니다.
2. 시스템 지시어 설정: 이 부분에 AI가 게임 마스터로서 어떻게 행동해야 하는지 룰을 세팅합니다.

□ ✎ "너는 지금부터 사도행전을 기반으로 한 '바울의 선교 여행 텍스트 RPG 게임'의 게임 마스터(GM)야. 플레이어는 사도 바울의 동역자인 '디모데'가 되어 게임을 진행해.

· 진행 방식
1. 너는 현재의 상황(도시의 이름, 시대적 배경, 사람들의 반응, 직면한 위기)을 아주 생생하고 소설처럼 묘사해 줘.
2. 묘사가 끝나면 플레이어가 선택할 수 있는 [행동 선택지 3가지]를 제시해.(예: 1번-회당으로 가서 담대히 복음을 전한다. 2번-시장에서 텐트를 만들며 사람들과 친해진다. 3번-핍박을 피해 다른 도시로 도망친다.)
3. 플레이어가 숫자를 선택하면, 성경적·역사적 팩트에 기반하여 그 결과를 설명해 줘. 복음을 전하다가 매를 맞을 수도 있고, 감옥에 갇힐 수도 있어.
4. 중간중간 플레이어의 '신앙심'(Faith) 수치와 '체력'(HP) 수치를 화면 상단에 보여 줘.

5. 절대로 한 번에 결말을 말하지 말고, 플레이어와 한 번씩 티키타카로 대화를 주고받으며 스토리를 진행해."

아이들과의 실제 플레이

이 세팅을 마친 뒤 첫 대화를 시작하면, AI는 즉시 1세기 안디옥이나 에베소의 풍경을 그려 내며 아이들에게 선택을 요구합니다.

아이들은 머리를 맞대고 고민합니다. "지금 핍박이 너무 심한데 도망갈까? 아니면 바울 사도처럼 매를 맞더라도 복음을 전할까?" "맞아도 하나님이 천사를 보내 주실지도 몰라! 1번 선택하자!"

게임을 진행하며 아이들은 사도 바울이 겪었던 굶주림, 강의 위험, 동족의 위험을 간접적으로, 그러나 뼈저리게 체험하게 됩니다. 단순히 텍스트를 읽는 성경 공부를 넘어서, 복음을 전하기 위해 목숨을 걸어야 했던 1세기의 치열한 영적 전투 한 가운데로 아이들을 초대하는 가장 완벽한 시뮬레이션 사역이 완성되는 것입니다.

'AI 교회 교육'의 본질

|

목사님, 우리가 바이브 코딩과 구글 AI 스튜디오를 교회 학교
에 도입하는 이유는 단순히 '우리 교회도 힙하고 트렌디하다'는
것을 뽐내기 위함이 아닙니다. 여기에는 매우 깊은 기독교 교
육학적, 그리고 미래학적 통찰이 담겨 있습니다.

첫째, 소비의 영성에서 '창조의 영성'으로의 전환입니다.

현대의 아이들은 유튜브 숏츠와 틱톡이라는 무한한 도파민
의 바다에서 알고리즘이 떠먹여 주는 자극을 수동적으로 소비
하기만 합니다.

하지만 하나님은 우리를 '창조주를 닮은 창작자'로 부르셨
습니다. AI 코딩 사역은 아이들에게 "세상이 만든 게임에 끌려
다니지 말고, 네가 하나님의 이야기를 담은 세상을 직접 설계
하고 코딩하라"는 강력한 주도권을 쥐어 주는 일입니다.

둘째, 가장 고차원적인 '복음의 번역' 훈련입니다.

기획자나 개발자가 소프트웨어를 짤 때 가장 중요한 역량
은 '논리적 구조화'입니다. 아이들이 '성경적 게임'을 기획하려
면 필연적으로 성경 본문을 분해하고 이해해야 합니다.

골리앗을 무찌르려면 다윗에게 어떤 무기가 필요했는지,
모세가 홍해를 가를 때 백성들의 불평 수치는 어떠했는지를 수
치화하고 규칙으로 만들어야 합니다. 이 과정에서 수천 년 전
의 성경 텍스트는 아이들의 뇌리에서 21세기의 시스템 알고리

즘으로 완벽하게 '번역'되고 뼈에 새겨집니다. 주입식 교육이 결코 따라올 수 없는 압도적인 이해도입니다.

셋째, 협업의 기쁨입니다.

코딩은 혼자 하는 것이 아닙니다. 아이들은 둥글게 모여 앉아 서로 아이디어를 냅니다. 한 명은 스토리 작가가 되고, 한 명은 프롬프트 엔지니어가 되어 질문을 입력하고, 한 명은 디자인을 구상합니다. 그 중심에서 교사나 목회자는 '프로젝트 매니저'(PM)가 되어 아이들의 생각을 성경적인 방향으로 조율해 줍니다. 이것이 바로 미래 사회가 요구하는 완벽한 팀워크이자, 교회 공동체가 회복해야 할 아름다운 교제의 모습입니다.

한계 없는 사역의 도화지

"우리 교회는 예산도 없고 노트북도 몇 대 없는데요?"

이 말은 핑계에 불과합니다. 와이파이가 터지는 목사의 스마트폰 한 대, 태블릿 한 대만 있으면 충분합니다. 수백만 원짜리 개발 소프트웨어도 필요 없습니다. 무료로 열려 있는 클로드와 GPT, 구글 AI 스튜디오가 바로 우리 교회의 전속 개발팀입니다.

과거에는 주일학교 레크리에이션을 준비하기 위해 목회자나 교사가 밤새워 색 도화지를 오리고 풍선을 불어야 했습니다. 그것도 귀한 사역이지만, 그 땀방울이 아이들의 영적 성장보다 '일회성 재미'에 그칠 때가 많았습니다.

이제 패러다임을 바꾸십시오. 주일학교 예배가 끝난 뒤, 목회자가 미리 세팅해 둔 '바이브 코딩 프롬프트'를 열고 아이들에게 선포하십시오.

"자, 얘들아! 오늘 우리는 직접 게임 개발자가 되어서 예수님의 기적을 게임으로 만들어 볼 거야. 세상에 하나밖에 없는 우리 반만의 성경 게임을 만들어 보자!"

반짝이는 아이들의 눈망울, AI가 생성해 낸 코드가 화면에 구현될 때 터져 나오는 환호성, 그리고 그 게임 속에 자연스럽게 스며드는 복음의 메시지.

이것은 공상 과학 영화의 한 장면이 아닙니다. 지금 당장, 목사님의 결단과 작은 클릭 몇 번으로 다음 주일 우리 교회에서 시작될 수 있는 '주일학교의 완벽한 디지털 부흥'입니다. 바이브 코딩이라는 거대한 안티그래비티의 우주선에 아이들을 태우고, 성경이라는 무한한 상상력의 우주로 지금 바로 날아오르시기를 바랍니다.

📦 실전 과제: 우리 반 첫 성경 웹 게임 배포하기

1 기획 회의(5분)

반 아이들과 함께 성경 인물 한 명을 정해 아주 간단한 룰을 만듭니다. (예: 홍해 바다 가르기—타이밍 맞춰 화면을 터치해서 물 벽을 세우는 게임)

2 AI 프롬프트 작성(5분)

아이들의 의견을 모아 클로드나 GPT에 'HTML5 웹 게임'을 만들어 달라고, 구체적인 시스템 프롬프트를 입력합니다.

3 아티팩트 실행(1분)

AI가 생성한 코드를 실행하여 아이들과 즉석에서 테스트 플레이를 해 봅니다. (예: "어? 바다가 너무 빨리 닫혀요!")

4 수정 및 배포(10분)

AI에게 피드백을 주어 밸런스를 조절한 뒤, 완성된 코드를 목회자나 선생님의 스마트폰에서 구동시켜 아이들이 한 명씩 돌아가며 게임을 합니다. 이 즐거운 프로젝트의 과정을 영상으로 찍어 학부모 카카오톡 단톡방에 자랑스럽게 공유하십시오.

목회자가 지켜야 할 디지털 윤리와 저작권

◆

강단에서 선포되는 말씀이 온전한 진리이듯, 그 말씀을 싣고 나르는 매개체 역시 정직하고 투명해야 한다. 속도와 효율이 우상이 된 시대일수록, 목회자의 기술적 윤리는 세상의 빛과 소금이 되는 가장 강력한 영적 무기다.

복음을 담는 그릇은 투명해야 한다

새로운 기술이 등장하면 사람들은 가장 먼저 "이것으로 무엇을 할 수 있을까?"를 묻습니다. 프롬프트 몇 줄로 아름다운 주보 표지가 완성되고, 클릭 몇 번에 설교 영상에 자막이 달리는 마법을 경험하고 나면, 마치 엄청난 능력을 가진 만능 조수를 얻은 것 같은 흥분에 사로잡힙니다.

하지만 기술의 화려함 이면에는 반드시 책임이라는 그림자

213

가 따릅니다. 교회는 세상의 단체와 다릅니다. 이익 창출과 효율의 극대화가 목적이 아니라, 변하지 않는 '진리의 선포'를 목적으로 존재하는 공동체입니다.

만약 우리가 복음을 전하겠다는 명목 아래 저작권이 불분명한 이미지를 무단으로 사용하거나, 출처를 알 수 없는 짜깁기 영상을 만들고, 기계가 만들어 낸 가상 인물을 실제 사람인 것처럼 포장한다면 어떻게 될까요? 결국 세상은 교회의 메시지 자체를 의심하게 될 것입니다.

이 장에서는 이미지와 영상, 그리고 음성 AI를 목회 현장에 도입할 때 반드시 부딪히게 되는 '워터마크', '저작권', '상업적 이용의 한계'를 객관적으로 살펴보고, 목회자가 강단과 세상 앞에서 떳떳할 수 있는 '디지털 윤리 가이드라인'을 세워 보고자 합니다.

이미지 생성 AI와 '워터마크'의 진실

최근 GPT의 달리나 제미나이(나노 바나나) 등 이미지 생성 AI를 활용해 주보 이미지나 행사 포스터를 기획하는 목회자들이 늘어나고 있습니다. 그런데 AI가 생성한 이미지를 자세히 살펴보면, 우측 하단에 작은 색상 띠나 로고가 박혀 있거나, 눈에 보이지 않지만 파일 정보(메타데이터) 속에 특정 코드가 심어져 있는 것을 알 수 있습니다. 이것이 바로 '워터마크'입니다.

워터마크는 단순히 개발사의 상표를 홍보하기 위한 것이 아닙니다. 이는 "이 창작물은 사람이 아닌 AI가 만들었음"을 시스템적으로 증명하여, 가짜 뉴스나 딥 페이크 범죄를 막기 위한 기술적 최소한의 안전장치입니다.

구글의 신스ID(SynthID)처럼 인간의 육안으로는 절대 보이지 않지만, 플랫폼에 업로드되는 순간 AI 생성물임을 즉각적으로 식별해 내는 기술도 이미 상용화되어 있습니다.

그렇다면 이 워터마크가 찍힌 이미지를 교회의 주보나 포스터에 마음대로 사용해도 법적인 문제가 없을까요? 혹은 디자인 툴로 이 워터마크를 살짝 지우고 사용하는 것은 윤리적으로 타당할까요?

여기서 우리는 '무료 사용'과 '유료 구독', 그리고 '상업적 이용'의 경계를 명확히 이해해야 합니다.

'비영리 단체'라는 오해와 상업적 이용의 기준

많은 목회자들이 "교회는 비영리 종교 단체니까, 인터넷에 있는 무료 AI 툴로 이미지를 만들어서 써도 저작권에 걸리지 않는다"고 오해하십니다. 하지만 저작권법과 AI 서비스 약관에서 말하는 '상업적 이용'의 범위는 생각보다 훨씬 넓고 엄격합니다.

교회 자체는 비영리 단체이지만, 헌금을 걷는 예배의 안내물, 유료 등록비를 받는 수련회나 세미나의 홍보 포스터, 그리고 무엇보다 '수익 창출(광고) 설정이 되어 있는 교회의 유튜브 채널'에 AI 결과물을 사용하는 것은 법적으로 상업적 이용에 준하는 잣대가 적용될 위험이 큽니다.

유료 구독의 안전망과 무료 모델의 함정

이러한 저작권의 지뢰밭을 피하는 가장 확실하고 안전한 방법은 '유료 구독'입니다. 제미나이 유료 플랜이나 GPT 플러스 등 매월 정당한 요금을 지불하고 사용하는 AI 서비스들은 대부분 생성된 이미지에 대한 '상업적 이용 권한'을 사용자에게 온전히 부여합니다.

정당하게 유료 결제를 통해 생성한 이미지라면, 필요에 따라 워터마크를 자르기(크롭) 하거나 지우고 교회의 공식 포스터 및 영상 썸네일에 사용하더라도 플랫폼 약관상 법적인 문제가 발생하지 않습니다(단, AI가 그린 그림이 '자신이 직접 그린 순수 창작물'이라며 타인에게 저작권을 주장하거나 판매할 수는 없습니다).

반면, 비용을 아끼기 위해 로그인 없이 사용하는 무료 AI 툴이나 출처가 불분명한 이미지 생성 사이트를 이용할 때는 극도로 주의해야 합니다. 무료 서비스의 약관에는 십중팔구 "비상업적 용도로만 사용 가능하며, 사용 시 반드시 출처를 표기해야 함"이라는 조항이 숨어 있습니다.

무료로 뽑은 이미지를 덜컥 교회의 대형 현수막 배경으로 인쇄했다가 훗날 예기치 못한 저작권 분쟁에 휘말릴 수 있습니다. 교회의 공식적인 인쇄물이나 외부로 노출되는 영상 소스를 만들 때는, 반드시 상업적 권한이 보장된 '유료 AI 툴'을 사용하는 것이 교회를 보호하는 가장 지혜로운 선택입니다.

동영상과 오디오 AI, 가장 예민한 저작권의 지뢰밭

이미지가 정지된 도화지라면, 동영상과 음성(음원)은 살아 움직이는 지뢰밭과 같습니다. 이 분야의 AI는 기존에 존재하는 수많은 영화, 방송, 음악 데이터를 방대하게 학습하여 결과물을 내놓기 때문에, 원작자와의 저작권 충돌 및 윤리적 논쟁이 가장 치열하게 벌어지는 영역입니다.

음원 생성 AI: 기계가 작곡한 찬양의 한계

최근 텍스트로 원하는 분위기와 가사만 입력하면 3분짜리 배경 음악이나 심지어 보컬이 포함된 노래를 뚝딱 만들어 주는 오디오 생성 AI(수노[Suno] 등)가 크게 유행하고 있습니다. 수련회 홍보 영상에 쓸 웅장한 배경 음악이 필요하거나, 새 가족 환영 영상에 넣을 잔잔한 피아노곡이 필요할 때 매우 유용해 보입니다.

하지만 음악 산업은 전 세계적으로 저작권 보호가 가장 강력하고 촘촘하게 이루어지는 분야입니다. 최근의 고도화된 음악 생성 AI 모델들은 무분별한 곡의 도용과 표절 논란을 막기 위해, 생성된 모든 음원 트랙에 기계만 인식할 수 있는 비가시적 워터마크를 의무적으로 강제 삽입하고 있습니다.

이를 활용해 만든 영상 트랙을 유튜브에 업로드할 경우, 유튜브의 '콘텐츠 ID' 시스템이 사람의 귀에는 들리지 않는 이 AI 워터마크를 순식간에 식별해 냅니다.

상업적 권한이 포함된 유료 요금제로 생성한 BGM을 사용하는 것은 문제가 없으나, 무료 요금제에서 생성한 곡을 마음대로 쓰거나, 더 나아가 AI가 만들어 준 찬양을 "우리 교회 청년부에서 직접 작곡했다"며 음원 사이트나 저작권 협회에 등록하려는 행위는 즉각적인 제재 대상이 되며 심각한 도덕적 지탄을 받게 됩니다. AI가 만든 음악은 영상의 분위기를 살리는 '단순 배경 음악'이라는 철저한 보조 수단으로만 제한하여 사용해야 합니다.

동영상 생성과 딥 페이크의 위험한 경계

GPT(소라), 제미나이(비오)와 같은 생성형 영상 AI나 얼굴과 입 모양을 합성해 주는 AI 아바타(헤이젠 등) 기술은 더욱 엄격한 안전 필터의 적용을 받습니다. 폭력적이거나 선정적인 장면의 생성은 원천 차단되며, 실존 인물의 명예를 훼손할 수 있는 딥 페이크 지시어 역시 강력하게 통제됩니다.

목회 현장에서 비주얼 사역을 기획할 때 가장 조심해야 할 부분은 바로 이 'AI 아바타'의 남용입니다. 외국인 모델이나 가상의 단정한 인물을 AI로 생성하여 교회의 주간 광고나 행사 안내를 맡기는 것은 초반에는 신선한 시도로 보일 수 있습니다. 하지만 이 아바타가 너무나 정교하고 사람 같아서, 성도들이 실제 우리 교회의 교인이거나 새로 부임한 교역자로 착각하게 만든다면 그것은 명백한 '윤리적 기만'입니다.

기계가 만들어 낸 가상의 인물이 마치 깊은 신앙적 고백을 하듯 연출하거나, 기도하는 모습을 만들어 성도들의 감정을 자극하는 행위는 진정성이 생명인 교회에서 반드시 경계해야 할 사역의 헛발질입니다. 기술의 신기함이 복음의 진정성을 훼손하게 두어서는 안 됩니다.

목회자가 지켜야 할 '3대 디지털 윤리 가이드라인'

AI라는 이 거대하고 강력한 파도를 타고 넘으면서, 목회 현장을 안전하고 거룩하게 지켜 내기 위해 우리는 명확한 영적, 도덕적 잣대를 세워야 합니다. 저는 모든 목회자에게 다음의 세 가지 디지털 윤리 가이드라인을 사역의 철칙으로 삼으시기를 권면합니다.

제1원칙: 투명성-"빛 가운데로 명백히 드러내라"

교회는 진실을 말하는 공동체입니다. 사역의 효율을 위해 AI를 활용했다면, 그 사실을 숨기거나 부끄러워할 이유가 전혀 없습니다. 오히려 당당하고 투명하게 밝히는 것이 현대 목회의 건강한 태도입니다.

실천 방안

만약 AI를 사용하여 주보의 표지 이미지를 생성했다면, 주보 맨 뒷면 하단에 작고 정갈한 글씨로 "본 주보의 표지 이미지는 생성형 AI 기술의 도움을 받아 기획 및 제작되었습니다"라고 명시하십시오. 유튜브 숏츠 영상에 목사님의 목소리 대신 'AI 성우'를 사용했다면, 영상의 [더 보기](설명) 란에 "본 영상의 내레이션은 AI 보이스를 활용하여 제작했습니다"라고 명확히 적으십시오.

이 작은 문구 하나가 교회의 정직성을 온 세상에 증명합니다. 성도들은 교회가 투명하게 정보를 공개할 때 오히려 '시대를 지혜롭게 앞서가는 건강한 교회'로 존중하고 신뢰하게 됩니다. 숨기려다 나중에 밝혀지면 신뢰를 잃지만, 처음부터 투명하게 공개하면, 그것은 사역의 훌륭한 도구로 인정받습니다.

제2원칙: 책임성-"강단의 무게는 AI가 대신 지지 않는다"

앞 장 딥 리서치 부분에서 강조했듯, AI의 가장 치명적인 약점은 바로 환각 현상입니다. AI는 역사적 사실을 교묘하게 왜곡하거나, 존재하지도 않는 성경 구절을 그럴싸하게 지어 내는 데 능숙합니다. 더 큰 문제는, AI에게는 어떠한 신학적 분별력이나 영적 양심이 없다는 사실입니다.

실천 방안

AI가 훌륭한 문장력으로 작성해 준 설교 초안, 감동적인 예화, 세련된 대표 기도문을 팩트 체크 과정 없이 그대로 강단에 들고 올라가는 것은 목회자의 심각한 영적 직무 유기입니다.

"AI가 제시한 성경 해석이 우리 교단의 건전한 신학적 입장과 일치하는가?", "AI가 가져온 역사적 위인의 감동적인 일화가 인터넷에 떠도는 가짜 뉴스는 아닌가?"

목사님은 반드시 신학적 지성과 양심이라는 거름망을 통해 이를 철저하게 교차 검증(크로스 체크)해야 합니다.

만약 확인되지 않은 가짜 예화나 잘못된 신학 정보가 강단에서 선포된다면, 그 피해와 책임은 고스란히 목회자의 몫입니다. AI는 단지 수많은 자료를 모아 초안을 던져 주는 조수일 뿐, 그 말씀에 생명을 불어넣고 최종적인 서명을 하고 책임을 지는 사람은 오직 강단에 선 목회자 한 사람뿐임을 결코 잊어서는 안 됩니다.

제3원칙: 저작권과 지적 재산권의 존중
- "남의 밭에서 무단으로 거두지 말라"

디지털 시대, 특히 AI 시대의 가장 큰 유혹은 너무나도 손쉬운 '도용과 표절'입니다. AI는 방대한 텍스트를 순식간에 요약하고 다른 사람의 문체로 바꿔 쓰는 데 탁월한 능력을 가지고 있습니다.

실천 방안

유명한 목사님의 훌륭한 설교문 텍스트를 통째로 복사해 AI에 집어넣고, "이 원고를 나의 말투로 교묘하게 바꿔서 새로운 설교문처럼 만들어 줘"라고 명령하는 행위는 기술의 탈을 쓰고 행하는 명백한 도둑질이자 양심을 저버리는 일입니다.

또한 시중에 정식으로 판매되고 있는 저작권이 있는 신앙 서적이나 주석의 PDF 파일을 불법으로 다운로드하여 AI에게 학습시키고, 그 요약본을 교회 내에서 무단으로 성도들에게 배포하는 행위 역시 기독교 출판 생태계와 저작권 질서를 무너뜨리는 심각한 범죄 행위입니다.

AI는 목사님의 머릿속에 흩어져 있는 파편화된 영감과 아이디어를 구체화하고, 목사님이 직접 쓴 거친 원고를 매끄럽게 다듬어 주는 훌륭한 도구로 사용되어야 합니다. 타인의 피땀 어린 지적 재산을 세탁하여 내 것인 양 포장해 주는 기계로 악용되어서는 결코 안 됩니다. 정당한 대가를 지불하고, 정직한 텍스트만을 입력하는 것이 디지털 시대의 십계명입니다.

진짜 혁신은 '정직함'에서 시작된다

기술이 기하급수적으로 발전할수록, 세상은 진짜 사람의 것과 기계가 만들어 낸 가짜를 구분하기 힘든 깊은 혼돈 속으로 빠져들고 있습니다. 유튜브에는 AI로 생성된 교묘한 가짜 뉴스 영상이 판을 치고, 진짜 시인보다 더 감동적인 어휘를 구사하는 AI의 에세이가 사람들의 마음을 훔칩니다.

모든 것이 진짜처럼 포장되는 이 시대에, 교회가 세상과 다르게 보여 줄 수 있는 유일하고도 가장 강력한 무기는 '화려한 기술력'이 아니라 '압도적인 정직함과 진정성'입니다.

목사님, 행정의 부담을 덜고 사역의 시간을 확보하기 위해 AI의 지혜를 빌리십시오. 문서의 오타를 수정하고, 외국 자료를 번역하며, 행사의 아이디어를 얻기 위해 AI에게 질문을 던지십시오. 그것은 하나님이 주신 시간을 낭비하지 않는 지혜로운 청지기의 올바른 모습입니다.

하지만 그 모든 기술적 결과물 안에 목사님의 애통하는 기도, 치열한 신학적 묵상, 그리고 성도를 향한 정직한 사랑이 조금도 담겨 있지 않다면, 그 사역은 모래 위에 지은 집과 같습니다.

교회는 목회자가 효율을 극대화하여 남는 시간에 여가를

즐기는 곳이 아니라, 효율을 통해 얻은 그 귀한 시간에 강단에 엎드려 성도를 위해 눈물 흘려야 하는 곳입니다.

투명하고, 책임감 있으며, 타인의 권리를 정직하게 존중하며 AI를 다루는 목회자만이 이 거대한 기술의 혼돈 속에서도 흔들림 없이 양 떼를 푸른 초장으로 인도할 수 있을 것입니다.

새로운 AI 도구를 결제하거나 도입하기 전에, 책상 앞에 앉아 다음 세 가지 질문을 스스로에게 진지하게 던져 보십시오.

1 라이선스의 정당성 점검

현재 우리 교회가 공식 주보나 영상 썸네일에 사용하고 있는 이미지 중, 출처가 불분명하거나 상업적 이용이 금지된 무료 AI 툴로 만든 결과물이 포함되어 있지는 않습니까? (만약 그렇다면 즉시 안전한 유료 플랜으로 교체하거나, 정당한 저작권이 있는 유료 스톡 이미지를 구매하여 활용하십시오.)

2 투명성 원칙의 적용

다음 주일 설교 영상이나 청년부의 행사 카드 뉴스 한 편에 "본 자료는 AI 기술의 도움을 받아 제작되었습니다"라는 투명한 표기를 당장 삽입해 보십시오. 성도들은 그 작은 문구에서 교회의 정직성을 봅니다.

3 팩트 체크 시스템의 구축

부교역자들이나 교사들이 AI를 활용해 교육 부서 공과 자료나 퀴즈를 만들 때, 그 내용의 신학적 건전성과 성경적·역사적 사실을 최종적으로 점검하고 승인하는 '검수 책임자'가 우리 교회 내에 명확히 세워져 있습니까?

Part
4

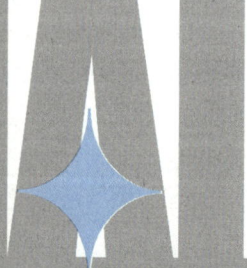

땅끝까지
이르는
목회자

실시간 AI 통역으로
여는
이주민 사역

♦

오순절 성령 강림의 가장 큰 기적은 '모두가 하나의 언어로 통일된 것'이 아니라,
'각 사람의 난 곳 방언으로 하나님의 큰 일을 듣게 된 것'이었다(행 2:11).
AI 실시간 동시통역 기술은 280만 이주민 시대를 맞이한 한국 교회에 허락된
'디지털 오순절'의 강력한 도구다.

낯선 이방인의 손을 잡는 방법

목사님, 주일예배 시간입니다. 낯선 외국인 청년 세 명이 쭈뼛
거리며 들어와 예배당 뒷자리에 앉습니다. 인근 공단에서 일하
는 베트남과 캄보디아 청년들입니다. 찬양대의 찬양이 울려 퍼
지고, 이내 목사님이 강단에 올라 불을 뿜는 설교를 시작하십
니다.

하지만 그 청년들의 표정은 멍하기만 합니다. 목사님의 뜨

거운 열정은 느껴지지만, 그들에게 한국어 설교는 해독할 수 없는 백색 소음에 불과하기 때문입니다.

예배가 끝나고 목사님은 그들의 손을 따뜻하게 잡아 주며 인사를 건네지만, 마음 한구석에는 무거운 돌덩이가 얹힙니다.

'저 영혼들을 우리 교회가 어떻게 품을 수 있을까? 우리 교회에는 베트남어 통역사도, 캄보디아어 통역사도 없는데….'

AI 스타트업을 운영하는 개발자의 시선으로 볼 때, 현재 한국 교회가 마주한 이주민 사역의 가장 큰 허들은 '언어 인프라의 부재'입니다. 대형 교회들은 언어권별로 예배를 따로 드리고 전문 통역사를 고용하지만, 90% 이상의 중소형 교회에게 다국어 동시통역은 그야말로 '가질 수 없는 스펙'이었습니다. 네팔어, 몽골어, 러시아어, 스리랑카어 통역사를 매주 어떻게 구합니까?

하지만 기뻐하십시오. 기술의 발전이 이 거대한 장벽을 완벽하게 산산조각 냈습니다. 이제 스마트폰 한 대와 구글 라이브(Google Live)를 비롯한 실시간 AI 동시통역 기술만 있다면, 목사님의 한국어 설교는 0.5초의 지연도 없이 수십 개의 언어로 번역되어 이주민들의 스마트폰 화면에 자막으로 뿌려집니다. 이것은 공상 과학이 아닙니다. 다음 주일, 당장 우리 교회에서 시작할 수 있는 현실입니다.

스마트폰이 '개인용 동시통역 부스'가 되다

과거에 동시통역 예배를 드리려면 수천만 원을 들여 통역 부스를 설치하고, 성도들에게 FM 라디오 수신기를 나누어 주어야 했습니다. 하지만 스타트업 업계에서는 이러한 하드웨어 중심의 무거운 인프라를 '레거시'(legacy, 구시대적 유물)라고 부릅니다. 이제 모든 인프라는 클라우드와 AI로 넘어왔습니다.

강단에서 선포되는 한국어 설교를 외국인 성도들의 모국어로 실시간 번역해 주는 가장 강력하고 접근성 좋은 도구가 바로 '구글 실시간 자막'과 최신 AI 실시간 통역 앱(파파고[papago] 등)들입니다.

구글 라이브 번역을 활용한 '다국어 실시간 자막' 시스템

교회 학교나 주일예배에 외국인 성도들이 참석했을 때, 복잡한 장비 없이 즉각적으로 통역을 제공하는 방법은 다음과 같습니다.

· 준비물: 목사님의 설교 음성을 수음할 마이크가 연결된 스마트폰(또는 태블릿) 1대, 외국인 성도들 각자의 스마트폰

구동 원리 및 실전 세팅

구글이 제공하는 실시간 번역 기능이나 음성 인식 AI 툴을

컵니다. 목사님이 강단에서 마이크에 대고 한국어로 설교를 시작하면, AI는 목사님의 음성을 즉각 텍스트로 인식합니다. 그리고 이 텍스트를 클라우드 서버를 통해 각 언어로 번역하여, URL 링크나 앱을 통해 접속한 외국인 성도들의 스마트폰 화면에 뿌려 줍니다.

- 베트남 청년의 스마트폰에는 베트남어 자막이 스크롤되어 올라갑니다.
- 러시아에서 온 고려인 가족의 화면에는 러시아어 자막이 뜹니다.
- 네팔 근로자의 화면에는 네팔어가 실시간으로 표시됩니다.

목사님은 평소처럼 편안하게 한국어로 설교하시면 됩니다. 단지 AI가 목사님의 발음을 더 잘 인식할 수 있도록, '설교의 속도를 평소보다 10% 정도 늦추고, 발음을 명확하게(단어와 단어 사이를 미세하게 끊어서) 하는 훈련'만 하시면 됩니다.

이 작은 기술의 도입이 이주민들에게 주는 감동은 상상을 초월합니다. '이 한국 교회는 나를 위해, 나의 모국어로 하나님의 말씀을 들려주려고 이렇게까지 준비해 주었구나!' 그들은 스마트폰 화면의 서툰 AI 번역기를 보면서도, 자신들을 환대하는 교회의 진심을 읽고 눈물을 흘리게 됩니다.

제미나이 라이브로 상담의 문을 열다

이주민 사역의 진짜 승부는 예배당이 아니라 '목양실'에서 벌어집니다. 타국 땅에서 일하는 이주민들의 삶은 팍팍하고 고단합니다. 임금 체불 문제, 직장 내 괴롭힘, 고향에 두고 온 가족에 대한 그리움, 그리고 외로움과 질병…. 그들은 누군가에게 자신의 속마음을 털어놓고 위로받기를 간절히 원합니다.

하지만 텍스트 기반의 번역기(파파고 등에 글씨를 입력해 보여 주는 방식)로는 깊은 목회적 상담을 할 수 없습니다. 타이핑하는 동안 감정의 흐름이 끊기고, 글자만으로는 그들의 눈물과 한숨의 뉘앙스를 담아낼 수 없기 때문입니다.

이때 개발자인 제가 가장 강력하게 추천하는 도구가 바로 구글의 제미나이 라이브(Gemini Live) 또는 GPT의 고급 음성 모드입니다. 이 도구들은 단순한 번역기를 넘어, 목양실 안의 '인공지능 통역 목사님' 역할을 수행합니다.

실전 시나리오: 목양실에서의 눈물 어린 심방

공단에서 손가락을 다친 스리랑카 성도가 목양실을 찾아왔습니다. 목사님은 책상 중앙에 스마트폰을 올려두고 제미나이 라이브(음성 모드)를 켭니다. 그리고 이렇게 사전 세팅하십시오.

"너는 지금부터 나와 이 스리랑카 성도 사이에서 '전문적이고 따뜻한 목회 상담 통역사' 역할을 해 줘. 나는 한국어로 말하고 이 형제는 신할리어(혹은 영어)로 말할 거야. 직역만 하지 말고, 서로의 감정과 따뜻한 위로의 뉘앙스가 최대한 잘 전달되도록 부드러운 목소리로 실시간 통역을 해 줘."

한 번의 명령으로 상담은 이렇게 진행될 것입니다.

- 스리랑카 성도(현지어): (울먹이며) "공장에서 다쳤는데 사장님이 병원비도 안 대 주고 해고하려고 해요. 고향에 있는 아픈 어머니에게 돈을 보내야 하는데 너무 두려워요."
- AI(한국어 음성): (차분하고 공감하는 톤으로 번역) "목사님, 공장에서 다쳤는데 치료비 지원 없이 해고 위기에 처해 있다고 합니다. 고향의 아픈 어머니께 송금해야 해서 너무 두렵고 막막하다고 울먹이시네요."
- 목사님(한국어): "형제님, 얼마나 아프고 두려웠습니까. 우리 교회가 노무사를 알아보고 돕겠습니다. 걱정하지 마세요. 지금 형제님의 아픈 손에 손을 얹고 먼저 기도해도 될까요?"
- AI(현지어 음성): (성도의 현지 언어로 목사님의 따뜻한 위로와 기도의 제안을 자연스럽게 통역)

이것이 혁명입니다. 과거에는 언어가 통하지 않아 서로 안타까운 눈빛만 교환하며 어깨를 두드려 주는 것이 전부였습니다. 하지만 이제 실시간 음성 AI를 통해, 목사님은 외국인 성도의 가장 내밀한 아픔을 정확히 청취하고, 그들의 모국어로 목사님의 진심 어린 위로와 기도를 즉각적으로 들려주실 수 있습니다. 언어의 장벽이 무너지는 순간, 그들의 닫혀 있던 마음의 문이 활짝 열리고 교회는 그들의 진정한 '영적 피난처'가 됩니다.

이주민을 위한 다국어 행정 시스템 자동화

예배와 상담의 장벽을 넘었다면, 마지막으로 '행정적 소외'를 해결해야 합니다. 한국인 성도들은 주보를 보고 다음 주에 전교인 체육대회가 있다는 것을 알지만, 한국어를 읽지 못하는 외국인 성도들은 주일에 교회에 왔다가 텅 빈 예배당을 보고 당황하곤 합니다.

모든 정보를 다국어로 제공하는 것은 기존 행정 시스템에서는 엄청난 노동이었습니다. 하지만 구글 워크스페이스와 AI를 결합하면 단 3회의 클릭으로 이 업무가 끝납니다. 스타트업에서 글로벌 고객을 관리할 때 쓰는 '자동화 파이프라인'을 교회 행정에 이식해 보겠습니다.

다국어 주보 및 안내문 동시 발행

다음 주일 주보의 '광고'(공지 사항) 텍스트를 완성하셨습니까? 그렇다면 그것을 GPT나 클로드에 복사해 넣고 다음과 같이 명령하십시오.

> □ ✎ "아래의 다음 주 교회 공지 사항(여름 수련회 안내, 식당 봉사 안내 등)을 우리 교회에 출석하는 이주민 성도들을 위해 영어, 베트남어, 러시아어, 타갈로그어 총 4가지 언어로 번역해 줘.
> 이때 기계적인 직역을 피하고, 외국인 성도들이 교회 문화와 용어(예: 수련회, 구역장 등)를 잘 이해할 수 있도록 친절하게 풀어서 번역해 줘."

AI는 10초 만에 완벽한 4개 국어 안내문을 작성합니다. 목사님은 이 텍스트를 복사하여 교회 로비의 게시판에 붙이거나, 외국인 성도들이 모여 있는 카카오톡 단톡방에 매주 토요일 저녁마다 발송하십시오. 그들은 교회의 주변인이 아니라, 교회 공동체의 일정에 온전히 초대받은 '가족'으로서의 소속감을 느끼게 될 것입니다.

구글 폼(Google Forms)을 활용한 다국어 새 가족 등록

처음 교회에 온 외국인에게 한글로 된 '새 가족 등록 카드'를 내미는 것은 큰 실례입니다.

구글 폼을 이용해 영어, 베트남어 등으로 된 온라인 등록 카드를 만드십시오. 설문지 상단에 QR 코드를 배치해 두면, 이주민들이 자신의 스마트폰으로 QR 코드를 찍고 모국어로 이름, 연락처, 기도 제목을 쉽게 입력할 수 있습니다. 입력된 데이터는 구글 스프레드시트에 자동으로 모이고, 구글 자체 번역 기능을 구글 시트에 걸어 두면, 외국인이 현지어로 적은 기도 제목이 목사님의 모니터에는 실시간으로 완벽한 한국어로 번역되어 나타납니다.

이러한 행정의 디테일이 바로 '이주민을 향한 진정한 배려'이자 수준 높은 목회 시스템입니다.

바벨탑의 저주를 푸는 거룩한 리버스 엔지니어링

비즈니스에서는 기존 시스템을 분해하여 작동 원리를 알아내고 새로운 가치를 창출하는 '리버스 엔지니어링'(reverse engineering, 역공학)이라는 개념을 자주 사용합니다. 영적인 관점에서 볼 때, 현재의 AI 통역 기술은 바로 창세기 11장 바벨탑 사건에 대한 '거룩한 리버스 엔지니어링'입니다.

인간의 교만으로 인해 언어가 흩어지고 소통이 단절되었던 바벨탑의 저주는 성령이 임하신 사도행전 2장의 마가 다락방에서 '각 사람의 난 곳 방언으로 하나님의 큰 일을 듣는' 기적으로 회복되었습니다.

오늘날 하나님은 AI라는 첨단 기술을 통해 21세기의 대한민국 교회에 이 오순절의 기적을 다시 한 번 허락하고 계십니다. 피부색이 다르고, 자라난 문화가 다르며, 말이 통하지 않는 이방의 나그네들을 교회가 어떻게 품고 사랑해야 하는지 기술을 통해 길을 열어 주신 것입니다.

목사님, 이주민 사역은 특별한 은사를 받은 특정 선교사님들만의 전유물이 아닙니다. 레위기 19장 34절은 "너희와 함께 있는 거류민을 너희 중에서 낳은 자같이 여기며 자기같이 사랑하라"고 명확히 명령하고 있습니다.

언어가 통하지 않는다는 것은 더 이상 핑계가 될 수 없습니다. 구글 라이브와 제미나이가 그 견고한 언어의 장벽을 이미 허물어 버렸기 때문입니다.

이제 우리에게 필요한 것은 유창한 외국어 실력이 아닙니다. 낯선 이방인에게 먼저 다가가 스마트폰의 번역기 앱을 켜고, 내 입술을 마이크에 가져다 대며 "우리 교회에 오신 것을 환영합니다. 당신을 사랑합니다"라고 말할 수 있는 '복음의 용기'입니다.

한국 교회로 몰려오는 280만 이주민들은 선교지에 나가지 않고도 땅끝의 영혼들을 구원할 수 있도록 하나님이 우리 앞마당에 보내 주신 '황금 어장'입니다. 기술의 발전이 그 어장에 그물을 던질 수 있는 완벽한 배를 만들어 주었습니다. 이제 주저하지 말고, AI라는 든든한 돛을 올리고 이주민 사역이라는 새로운 은혜의 바다로 힘차게 항해를 시작하시기 바랍니다.

실전 액션 플랜: 우리 교회 '다국어 환대 인프라' 구축하기

1. AI 통역 앱 설치 및 테스트(5분)

목사님의 스마트폰에 구글 번역 앱의 대화 모드나 제미나이 앱을 설치하십시오. 그리고 인근 외국인 마트나 식당에 방문하여, 그 앱을 켜고 현지 직원에게 그들의 모국어로 짧은 인사를 건네는 테스트를 해 보십시오. AI 음성 통역의 위력을 직접 체감하셔야 합니다.

2. 교회 로비에 다국어 환영 문구 부착(10분)

이번 주 토요일, GPT를 열고 우리 교회의 환영 인사("○○교회에 오신 것을 환영합니다. 도움이 필요하시면 안내 위원에게 말씀해 주세요")를 동남아시아 및 주요 이주민 언어(영어, 베트남어, 몽골어, 러시아어 등) 5개 국어로 번역해 달라고 하십시오. 이를 출력하여 교회 현관 가장 잘 보이는 곳에 붙여 두십시오. 이 종이 한 장이 이주민들에게는 구원의 동아줄처럼 보일 것입니다.

3. 스마트폰 동시통역 예배 시뮬레이션

청년부나 미디어 담당 사역자와 함께, 다음 주일 설교 중 5분

정도만, 구글 실시간 자막 기능을 켜고 설교 텍스트가 어떻게 스마트폰에 출력되는지 시연해 보십시오. 생각보다 훨씬 간단하게 동시통역 예배를 시작할 수 있음을 깨닫게 될 것입니다.

"그러므로 너희는 가서 모든 민족을 제자로 삼아"(마 28:19). 예수님의 이 지상 명령은 2천 년 전에는 '도보'로 수행되었고, 19세기에는 '배'로, 20세기에는 '비행기'로 수행되었습니다. 그리고 21세기, 우리는 'AI와 디지털 네트워크'라는 새로운 날개를 달고 땅끝으로 향합니다.

도구는 변했지만, 사명은 변하지 않았습니다. 이제 언어의 두려움을 떨쳐버리고, 담대하게 열방을 향해 나아가십시오.

🗂 실전 과제: 이번 여름, 스마트한 선교 준비하기

선교를 떠나기 전, 팀원들과 함께 다음 미션을 수행해 보십시오.

1 통역 훈련

팀원끼리 짝을 지어, 한 명은 한국어로, 한 명은 스마트폰(GPT 음성 모드)을 들고 현지인 역할을 하며 전도 시뮬레이션을 해 보십시오. AI가 얼마나 말을 잘 알아듣는지, 어떤 속도로 말해야 하는지 감을 익혀야 합니다.

2 복음의 QR 명함 제작

목사님의 축복 기도를 1분 녹음하고, 일레븐랩스로 선교지 언어로 변환하십시오. 그리고 그 음성 파일이 담긴 QR 코드 스티커를 만들어 현지인들을 위한 선물(사탕, 학용품 등)에 붙여 보십시오.

3 금기 사항 퀴즈 대회

젠스파크나 퍼플렉시티로 조사한 현지 문화 금기 사항을 모아, 선교팀 오리엔테이션 때 'OX 퀴즈'를 진행하십시오. (예: "태국에서 아이들의 머리를 쓰다듬어도 될까요?" [정답: X, 영혼이 머리에 있다고 믿음])

AI 시대에 세워야 할 영적 분별력

♦

사랑하는 자들아 영을 다 믿지 말고 오직 영들이 하나님께 속하였나 분별하라
많은 거짓 선지자가 세상에 나왔음이라(요일 4:1).

AI 속에 숨은 '거짓 선지자' 걸러내기

목사님, 우리는 앞서 AI가 얼마나 놀라운 도구인지 살펴보았습니다. 하지만 빛이 밝을수록 그림자는 짙은 법입니다. AI는 인터넷상의 모든 데이터를 학습했습니다. 그 안에는 칼빈의 주석도 있지만, 이단의 교리서도 있습니다. C. S. 루이스(C. S. Lewis)의 변증도 있지만, 무신론자의 조롱도 섞여 있습니다.

AI는 '진리'를 말하는 기계가 아닙니다. AI는 '가장 그럴듯

한 다음 단어'를 확률적으로 내뱉는 기계입니다. 따라서 우리가 깨어 있지 않으면, 강단에서 이단의 논리가 선포되거나, 성경적 가치관과 배치되는 세속적 인본주의가 틈탈 수 있습니다.

이 장에서는 AI라는 강력한 엔진에 '영적 브레이크'와 '신학적 필터'를 장착하는 법을 다룹니다. 이것은 기술의 문제가 아니라, '진리 수호'의 문제입니다.

최근 한국 교회에 침투한 이단들, 특히 신천지나 JMS 등은 온라인 포교에 사활을 걸고 있습니다. 그들은 블로그, 유튜브, 지식인 등에 자신들의 교리를 일반적인 성경 해석인 것처럼 교묘하게 퍼뜨려 놓았습니다. 문제는 AI가 이 데이터들을 학습했다는 것입니다.

만약 목사님이 "요한계시록 7장의 '인 치심을 받은 자'에 대해 설명해 줘"라고 단순하게 묻는다면, AI는 학습된 데이터 중 가장 많이 언급된 패턴을 가져올 수 있습니다. 만약 인터넷상에 신천지의 해석이 압도적으로 많다면 어떻게 될까요? AI는 무심코 이단의 해석을 정통 해석인 양 제시할 수 있습니다. 이것을 '데이터 오염'이라고 합니다.

이단적 패턴 식별 가이드

AI가 내놓은 답변에서 다음과 같은 징후가 보이면 즉시 '멈춤' 신호를 보내야 합니다.

1. 비유 풀이의 공식화

· "성경의 모든 단어는 짝이 있다"며 '씨=말씀', '밭=마음', '새 =악한 영' 식으로 지나치게 도식화하여 끼워맞추는 경우.

· 역사적 맥락을 무시하고 특정 단어의 영적 의미(배도-멸망- 구원 등)만 강조하는 경우.

2. 특정 시대/인물 강조

· '이 시대의 구원자', '약속의 목자', '동방의 의인' 같은 표현 이 등장하며 예수 그리스도의 유일성을 흐리고 특정 인물 을 암시하는 경우.

· 성경 시대를 배도, 멸망, 구원의 시대로 나누어 현재를 특 정 교파의 시대인 것처럼 유도하는 경우.

3. 기성 교회 비판

· 답변의 뉘앙스가 기성 교회를 '바벨론', '타락한 곳'으로 묘 사하며, 새로운 진리가 있는 곳으로 가야 한다고 은근히 유도하는 경우.

'신학적 방화벽' 프롬프트 구축하기

AI에게 질문할 때, 애초에 이단적 답변을 원천 봉쇄하는 '프 롬프트 방화벽'을 세워야 합니다. "마태복음 24장의 종말 징조 에 대해 해석해 줘"라고 질문하면 범위가 너무 넓어 이단적 소스가 섞일 수 있습니다. 질문의 전제를 확실히 하십시오.

> 🗌 ✏️ "마태복음 24장의 종말론에 대해 설교를 준비 중이
> 야. 답변의 기준은 '정통 개혁주의 신학'과 '웨스트민
> 스터 신앙고백'에 근거해야 해. 세대주의적 해석이
> 나, 신천지 등 한국 이단들의 자의적인 비유 풀이는
> '철저히 배제'해 줘. 앤서니 후크마나 게할더스 보스
> 같은 정통 신학자의 견해를 인용해서 설명해 줘."

이렇게 교단과 신학적 관점을 명시하면, AI는 이단적 데이
터를 답변 후보군에서 제외합니다.

팩트 체크: 교차 검증의 생활화

AI가 그럴듯한 해석을 내놓았다면, 목사님은 반드시 "베뢰
아 사람"이 되어야 합니다(행 17:11).

· 원어 확인: AI가 주장하는 단어의 뜻이 헬라어/히브리어
의 사전적 의미와 맞는지 확인하십시오. 이단들은 원어
를 왜곡하는 경우가 많습니다.
· 주석 대조: 서재에 있는 종이 주석(호크마, WBC, NICNT
등)을 펼쳐서 AI의 해석이 주류 신학계의 흐름 안에 있는

지 확인하십시오.

· 동료 검증: 뭔가 새롭고 기가 막힌 해석 같다면, 설교하기 전에 동료 목회자나 신학교 동기 카카오톡 단톡방에 올려 물어보십시오. 집단 지성은 이단을 막는 강력한 방패입니다.

한국적 목회의 눈으로 재해석하기

이단 문제는 아니지만, AI는 태생적으로 '편향성'을 가지고 있습니다. 대부분의 AI(GPT, 클로드 등)는 영어 데이터로 학습되었습니다. 이는 AI의 기본 사고방식이 '서구적', '백인 남성 중심', '개인주의적', '합리주의적'일 가능성이 높다는 뜻입니다.

또한 신학적으로는 특정 교파(미국 복음주의 혹은 자유주의 신학)의 데이터가 많이 학습되어 있어, 한국 장로교나 감리교, 성결교의 정서와 맞지 않는 답변을 내놓을 때가 있습니다.

서구적 개인주의 vs 한국적 공동체성

AI에게 '교회 갈등 해결법'을 물으면, 매우 합리적이고 계약적인 해결책(규정 준수, 개인의 권리 존중 등)을 내놓습니다. 하지만 한국 교회는 '정'(情)과 '관계', '어른에 대한 예우'가 중요한 공동체입니다.

재해석 훈련

AI의 답변을 그대로 쓰지 말고, '한국적 상황화'를 거쳐야 합니다.

- AI 답변: "갈등 당사자 간의 일대일 토론을 통해 합의점을 도출하십시오."
- 목회적 적용: "장로님과 권사님 사이의 갈등이니, 목회자가 중간에서 권면하고 기도로 마음을 녹이는 과정이 선행되어야겠구나. 식사 자리를 먼저 마련하자."

신학적 스펙트럼의 조정

AI는 때로 대중적인 '심리학적 위로'를 '복음'인 것처럼 포장합니다. (예: "당신은 그대로도 충분합니다"→죄에 대한 지적 없이 긍정 심리학으로 흐름) 또는 민감한 동성애 이슈나 낙태 문제 등에 대해 지나치게 '정치적 올바름'(Political Correctness, PC)을 추구하며 성경적 가치관을 희석하기도 합니다.

따라서 목회자는 AI를 '신학적 튜닝'해야 합니다.

☐ ✎ "너는 지금부터 대한예수교장로회 소속의 보수적인 목회자야. 이 사회적 이슈(동성애, 차별금지법 등)에 대해 답변할 때, 사회적 포용성도 중요하지만, 성경적 거룩함과 창조 질서의 관점을 최우선 가치로 두

어 답변해 줘. 세상의 기준이 아니라, 하나님의 말씀이 기준이 되어야 해."

AI에게 '페르소나'(역할)를 부여함으로써, 답변의 방향키를 성경 쪽으로 틀어야 합니다. 목회자가 이 키를 잡지 않으면, AI는 세상의 풍조대로 흘러갑니다.

영적 분별력, 결국은 '관계'다

AI 시대의 영적 분별력은 '기계를 얼마나 잘 다루느냐'가 아니라, '하나님과 얼마나 가까이 있느냐'에서 결정됩니다.

위조지폐 감별사는 위조지폐를 연구하지 않고, '진짜 지폐'를 연구한다고 합니다. 진짜의 촉감과 냄새를 완벽하게 아는 사람은 가짜를 만지는 순간 '어?' 하고 알아챕니다.

이단 사상, 편향된 신학, 비윤리적인 유혹…. 이 모든 AI의 그림자들을 분별하는 힘은 목사님이 평소에 닦아 놓은 말씀의 깊이와 기도의 영성에서 나옵니다.

- 성경을 깊이 아는 목회자는 AI의 답변에서 '비진리의 냄새'를 맡습니다.
- 하나님의 마음을 아는 목회자는 AI의 차가운 답변에서

'사랑의 결핍'을 느낍니다.

"AI를 믿지 마십시오. 오직 성경을 믿고, 성령을 의지하십시오."

AI는 훌륭한 참고서이지만, 결코 교과서가 될 수 없습니다. 우리의 텍스트는 오직, 변하지 않는 하나님의 말씀뿐입니다.

이 흔들리는 디지털 파도 속에서, 목사님이 굳건한 영적 등대가 되어 주시기를 바랍니다. 성도들은 AI의 똑똑한 답변이 아니라, 등대 되신 목사님의 흔들리지 않는 분별력을 보고 길을 찾을 것입니다.

1 이단 테스트

최근 유행하는 이단의 교리를 AI에게 물어보고, 그 답변
이 얼마나 교묘한지, 혹은 정확한지 테스트해 보셨습니
까? (미리 알아야 막을 수 있습니다.)

2 프롬프트 점검

AI에게 질문할 때 "개혁주의적 관점에서", "복음주의적
입장에서"라는 신학적 가이드라인을 습관적으로 넣고
있습니까?

결국
다시
본질로

◆

기술은 시간을 단축시킨다. 그러나 그 단축된 시간이 곧장 '거룩'으로
이어지지는 않는다. 빈 시간은 저절로 채워지지 않는다. 목회자가 의지적으로
그 빈 그릇을 기도로 채우지 않는다면, 그곳은 다시 세속의 헛된 것들로 채워질
것이다. 스마트한 목회자가 되기 위해 이 책을 읽는 것이 아니다.
'기도하는 목회자', 본질을 붙드는 '진짜 목회자'가 되기 위해 이 도구를 든 것이다.

가장 중요하고도 무거운 질문

우리의 긴 여정이 막바지에 다다랐습니다.

우리는 제1부에서 AI에 대한 두려움을 떨쳐냈고, 제2부에
서 설교 준비의 혁신을 경험했으며, 제3부에서 행정의 늪에
서 탈출하는 법을 배웠습니다. 목사님의 사역 현장에는 이제
GPT, 클로드, 제미나이, 퍼플렉시티라는 유능한 비서들이 대
기하고 있습니다.

아마도 이 책의 내용을 충실히 따라오셨다면, 목사님의 일주일 스케줄에는 전례 없는 '여백'이 생겼을 것입니다. 토요일 밤 11시까지 주보와 씨름하던 시간이 사라졌습니다. 설교 예화를 찾느라 구글의 바다를 표류하던 3시간이 10분으로 줄었습니다. 성경 공부 교재를 만드느라 밤새우던 금요일 밤에 이제는 잠을 잘 수 있게 되었습니다.

자, 이제 가장 중요하고도 무거운 질문을 던질 때입니다.

"목사님, 기계가 벌어 준 그 10시간, 이제 어디에 쓰시겠습니까?"

이 질문에 대한 대답이, 목사님이 '기술자'로 남을지, 아니면 이 시대를 이끄는 '영적 지도자'가 될지를 결정할 것입니다.

이 마지막 장은 기술 매뉴얼이 아닙니다. 이것은 AI라는 도구를 손에 쥔 목회자가 하나님 앞에서 써 내려가야 할 '사명 선언문'입니다.

기술로 아낀 시간, 어디에 쓸 것인가?

현대 경영학의 아버지 피터 드러커는 "효율성은 일을 올바르게 하는 것이고, 효과성은 올바른 일을 하는 것이다"라고 했습니다. AI는 우리의 '효율성'을 극대화해 주었습니다. 하지만 우리가 해야 할 '올바른 일', 즉 목회의 본질은 AI가 대신 해 줄 수 없습니다.

많은 목회자들이 이 지점에서 넘어집니다. 행정 시간이 줄어드니, 그 시간을 넷플릭스 같은 OTT나 유튜브 시청으로 채울 수 있습니다. 혹은 또 다른 '일'을 기획해 교회를 외형적으로 성장시키는 데 몰두할 수도 있습니다. 이것은 기술이 준 축복을 저주로 바꾸는 것입니다. 우리는 '거룩한 낭비'의 시간을 회복해야 합니다.

'크로노스'를 아껴 '카이로스'로 들어가라

헬라어에는 '시간'을 뜻하는 두 단어가 있습니다. 물리적으로 흘러가는 시간인 '크로노스'(chronos)와 하나님의 뜻이 이루어지는 결정적 시간인 '카이로스'(kairos)입니다.

행정, 잡무, 검색, 문서 작성… 이 모든 것은 크로노스의 영역입니다. AI는 이 크로노스를 획기적으로 압축해 줍니다. 왜 압축합니까? 바로 카이로스의 세계인 골방으로 들어가게 해 주기 위해서입니다.

과거에는 "바빠서 기도할 시간이 없다"는 핑계가 통했습니다.

"주님, 주보를 만들어야 해서 기도를 못했습니다."

"주님, 설교 자료를 찾느라 묵상을 깊이 못했습니다."

하나님도 우리의 연약함을 아시기에 이해하셨을지 모릅니다. 하지만 이제 AI라는 도구를 든 이상, 그 핑계는 유효하지 않습니다. 이제 남은 시간에는 오직 '골방'으로 향해야 합니다.

골방은 비효율적인 공간입니다. 한 시간 동안 무릎 꿇고 있어도 아무런 결과물이 나오지 않을 때가 많습니다. AI처럼 '엔터'를 치면 응답이 뚝 떨어지지도 않습니다. 침묵과 기다림, 씨름과 탄식이 있는 곳입니다.

하지만 바로 그 '비효율적인 침묵' 속에서 목회자의 영성이 형성됩니다.

- AI는 정보를 주지만, 골방은 '능력'을 줍니다.
- AI는 설교의 뼈대를 세우지만, 골방은 그 뼈대 위에 '생기'를 불어넣습니다.

목사님, 행정 업무가 줄어든 시간만큼, 정확히 그만큼 더 기도하십시오. 일주일에 10시간을 아꼈다면, 그 10시간을 강단 위에서, 혹은 십자가 아래에서 보내십시오.

성도들은 기막힌 PPT 디자인에 감동하는 것이 아니라, 강단에서 내려온 목사님의 얼굴에서 빛나는 '모세의 광채'를 보고 압도됩니다. 그 광채는 모니터 앞이 아니라, 시내산의 고독 속에서만 만들어집니다.

딥 리서치를 넘어 딥 씽킹으로

우리는 앞서 4장에서 '딥 리서치'를 배웠습니다. 하지만 그것은 수단입니다. 목적은 '딥 씽킹'(deep thinking), 즉 깊은 사색과 묵상입니다.

현대인들은 '생각하지 않는 사람들'이 되어 가고 있습니다. 정보를 찾는 속도는 빨라졌지만, 그 정보를 씹어 먹고 소화하여 내 것으로 만드는 능력은 퇴화했습니다. 목회자도 예외가 아닙니다. 남의 설교, 주석, AI의 요약본에 의존하다 보면, 나만의 신학적 통찰이 사라집니다.

AI가 자료를 10분 만에 찾아 주었다면, 남은 50분은 그 자료를 덮고 창밖을 보며 사색하고 묵상하십시오.

"주님, 이 1세기의 사건이 지금 내게 무슨 의미입니까?"

"이 본문 속에 숨겨진 당신의 눈물은 무엇입니까?"

이 '지적이고 영적인 반추'의 시간이 확보될 때, 설교는 정보의 나열을 넘어 '메시지'가 됩니다. AI가 벌어 준 시간은 목회자를 '정보 전달자'에서 '진리의 사색가'로 변화시킬 절호의 기회입니다.

모니터 보는 시간을 줄이고 성도의 눈을 바라보라

디지털 시대의 가장 큰 아이러니는 '연결은 늘어났으나, 관계는 단절되었다'는 것입니다. 목회 현장도 마찬가지입니다. 카카오톡으로 매일 말씀을 보내고, 유튜브로 설교를 송출하지만, 정작 성도의 눈을 보고 그들의 거친 손을 잡아 주는 시간은 줄어들고 있습니다.

AI 행정 자동화의 궁극적인 목적은 '모니터 꺼짐, 관계 켜짐'입니다.

성육신 목회: "말씀이 육신이 되어"(요 1:14)

우리가 믿는 복음의 핵심은 '성육신'입니다. 하나님은 하늘에서 '메일'을 보내거나 'AI 챗봇'을 보내지 않으셨습니다. 그분이 직접 육신을 입고 이 땅에 내려오셔서, 우리와 함께 먹고 마시고 우셨습니다. 이것이 목회의 원형입니다.

AI는 텍스트를 생성할 수 있습니다. 위로의 편지도 쓸 수 있습니다. 하지만 AI는 심방 갈 수 없습니다. AI는 장례식장에서 유가족과 함께 울어 줄 수 없습니다. AI는 아픈 성도의 머리에 손을 얹고 안수할 수 없습니다.

목사님, 사무실에서 엑셀 작업을 하느라 심방을 미루지 마십시오. 이제 엑셀은 AI에게 맡기십시오. 그리고 운동화를 신고 현장으로 나가십시오. 하이테크(AI)가 행정을 처리하는 동안, 하이터치(목회자)는 성도의 집 문을 두드려야 합니다.

성도들이 진짜 원하는 것은 목사님의 유창한 설교나 세련된 주보가 아닙니다.

"목사님이 내 이름을 불러 주셨어."

"목사님이 내 아픈 이야기를 듣다가 같이 눈물을 글썽이셨어."

바로 이 '인격적 접촉'의 순간입니다. 이것은 천하의 어떤 슈퍼컴퓨터도 흉내 낼 수 없는 목회자의 고유 영역입니다.

'눈 맞춤'의 영성

현대 사회에서 가장 결핍된 것은 '누군가 나를 온전히 주목해 주는 경험'입니다. 식당에 가도, 가정에서도, 심지어 교회에서도 모두가 스마트폰만 봅니다. 이제 목회자가 먼저 스마트폰과 모니터에서 눈을 떼야 합니다.

예배 후 로비에서 성도들과 인사할 때, 행정적인 공지 사항을 전달하느라 급급하지 마십시오. AI 비서가 이미 주보와 광고를 완벽하게 처리하지 않았습니까? 그 여유로운 마음으로 성도 한 사람 한 사람의 눈동자를 3초 이상 바라보십시오.

"집사님, 지난주 많이 힘드셨죠? 얼굴이 좀 상하셨네요."

이 한마디는 AI가 작성한 10페이지짜리 칼럼보다 더 강력한 목양의 힘을 가집니다.

기술이 고도화될수록, 사람들은 '원시적인 따뜻함'을 그리워합니다. AI가 목회자들에게 준 가장 큰 선물은 바로 성도들을 바라볼 수 있는 '시선의 여유'입니다.

하이테크 시대의 하이터치

|

미래학자 존 나이스비트(John Naisbitt)는 그의 저서에서 유명한 공

식을 제시했습니다.

"하이테크, 하이터치"(High-Tech, High-Touch).

기술이 발전할수록(High-Tech), 사람들은 그 반작용으로 더욱 인간적인 감성(High-Touch)을 갈구한다는 것입니다.

교회의 미래, 그리고 목회의 미래도 여기에 있습니다. 세상은 점점 더 AI화, 자동화, 비대면화될 것입니다. 은행 창구 직원이 사라지고, 식당 종업원이 로봇으로 대체되는 세상입니다. 사람의 온기를 느낄 곳이 사라져 갑니다. 이런 시대에 교회는 무엇이 되어야 합니까?

교회는 세상에서 유일하게 '인간의 냄새', '땀 냄새', '눈물의 흔적'이 남아 있는 '아날로그의 피난처'가 되어야 합니다.

AI 시대, 목회자의 핵심 경쟁력은 '영성'과 '인격'이다

성도들은 지식을 얻기 위해 교회에 오지 않습니다. 지식은 유튜브와 AI에 더 많습니다.

성도들은 '생명'을 얻기 위해 교회에 옵니다. 성도들은 '거룩'을 체험하기 위해 교회에 옵니다. AI 시대에 목회자가 설교 경쟁력(정보력)으로 승부하려 한다면 필패할 것입니다. AI보다 더 많은 정보를 가질 수는 없기 때문입니다. 그러나 목회자가 '깊은 영성'과 '성숙한 인격'으로 승부한다면, AI는 감히 넘볼 수 없는 영역이 됩니다.

AI는 '고난의 의미'를 설명할 수 있지만, '고난을 함께 겪어

내는 동반자'는 될 수 없습니다. AI는 '기도문'을 작성할 수 있지만, '중보자'가 될 수는 없습니다. AI는 '성경 지식'을 줄 수 있지만, '영적 아버지'가 될 수는 없습니다.

미래 목회의 승부처는 '얼마나 스마트한가'가 아니라, '얼마나 영적인가', '얼마나 인간적인가'에 달려 있습니다. 기술을 마스터하십시오. 그리고 그 기술을 발판 삼아 더 높은 영성의 단계로 도약하십시오.

다시, 십자가 앞으로

책을 마무리하며, 저는 다시 십자가를 바라봅니다.

예수님은 당대 최고의 권력이나 기술을 사용하지 않으셨습니다. 그분은 가장 미련해 보이는 방법, 즉 십자가에 달려 죽는 방법으로 세상을 구원하셨습니다. 이것은 효율성의 관점에서는 최악의 실패입니다. 하지만 생명의 관점에서는 최고의 승리입니다.

우리가 AI를 사용하는 것은 십자가를 지지 않고 편하게 목회하기 위함이 아닙니다. 오히려 잡무라는 무거운 짐을 벗어버리고, 오직 '영혼 구원'이라는 십자가를 더 견고하게 지기 위함입니다.

AI는 우리에게 묻습니다.

"주인님, 제가 시간을 벌어 드렸습니다. 이제 무엇을 하시
겠습니까?"

우리는 대답해야 합니다.

"나는 십자가를 지러 가겠다. 나는 기도하러 가겠다. 나는
성도들을 사랑하러 가겠다."

다 잘할 필요 없습니다

AI라는 무한한 가능성 앞에서 목회자가 내려야 할 가장 영적인 결단은
'무엇을 할 것인가'가 아니라 '무엇을 하지 않을 것인가'를 선택하는 것이다.

매일같이 기술의 최전선에서 생존을 고민해야 하는 스타트업
생태계에 몸담고 있다 보면, 문득문득 '스타트업과 목회는 참
많이 닮아 있다'는 생각을 하게 됩니다.

거대한 자본과 완벽하게 세팅된 시스템, 그리고 각 분야의
최고 엔지니어들을 수십 명씩 거느린 대기업과 경쟁해야 하는
것이 스타트업의 숙명입니다.

목회 현장도 이와 다르지 않습니다. 수많은 전문 사역자와
미디어팀, 그리고 화려한 인프라를 갖춘 대형 교회들이 존재하
지만, 대다수의 목회자들은 그런 지원을 누릴 수 없는 척박한
환경 속에서 사역을 감당하고 있습니다. 예산은 턱없이 부족하
고, 부교역자를 구하는 것은 하늘의 별 따기가 되었으며, 목사
님 한 분이 설교부터 행정, 운전, 디자인까지 모든 것을 감당해
야 하는 '1인 다역'의 현실 말입니다.

하지만 이제 시대가 변했습니다. 예전과 다르게 AI라는 강

력한 도구를 통해, 우리는 대기업이나 대형 교회에만 있던 거대한 시스템을 단돈 몇만 원, 혹은 무료로 내 책상 위에 구축할 수 있게 되었습니다. 한 사람이 마치 슈퍼맨처럼 수십 명의 몫을 해낼 수 있는 기적 같은 시대가 열린 것입니다.

완벽주의의 함정-"우리도 저렇게 화려해져야 해"

제가 현장에서 여러 목회자들에게 AI 활용법을 강의하다 보면, 공통적으로 듣게 되는 간절한 목소리가 있습니다.

"우리 교회도 유튜브 영상을 더 멋지게 만들고 싶어요."

"대형 교회 주보처럼 세련되고 화려한 이미지를 우리도 AI로 뽑아 내고 싶습니다."

이런 말을 들을 때마다 제 마음 한구석에는 묘한 불안감과 안타까움이 교차합니다. 목회자들은 무의식중에 '모든 것을 다 잘해야 한다'는 압박감에 시달리고 있습니다. 다른 교회가 유튜브 숏츠를 올리니 우리도 해야 할 것 같고, 다른 교회가 AI 아바타를 쓰니 우리도 뒤처지면 안 될 것 같은 초조함이 목회자들의 어깨를 짓누릅니다.

그러다 보니 모든 것을 완벽하게 해내려다 오히려 그 압박감과 스트레스에 짓눌려 탈진해 버리는 역효과가 발생합니다. 완벽한 영상을 만들기 위해, 더 멋진 이미지를 뽑아 내기 위해 프롬프트를 수십 번 고쳐 쓰고 밤을 새웁니다.

하지만 목사님, 냉정하게 돌아보아야 합니다. 목회의 본질이 화려한 영상 제작과 세련된 디자인에 있습니까? 아닙니다. 목회의 절대적인 본질은 '영혼 구원'과 '내게 맡겨진 양 떼를 하나님의 말씀으로 바르게 양육하는 것'입니다.

화려한 결과물을 만들어 내느라 모니터 앞에서 더 많은 시간을 허비하게 된다면, 그것은 목회의 본질을 흐리는 치명적인 독이 됩니다.

이 책을 쓰며 느꼈던 가장 큰 두려움

솔직히 고백하건대, 제가 이 책을 집필하며 가장 두려웠던 것은 바로 이 지점이었습니다.

저는 목회자들이 불필요한 행정과 잡무에 쏟는 땀방울을 줄여 드리고자 이 책을 썼습니다. AI를 통해 주보를 10분 만에 만들고, 설교 자료를 순식간에 찾아, 그 아낀 시간으로 더 깊이 기도하고 성도들을 더 많이 사랑하시기를 바라는 마음이었습니다.

그런데 만약 이 책을 읽은 목회자들이 AI라는 새로운 기술의 화려함에 매몰되어 버린다면 어떻게 될까요? 행정을 줄여 기도를 늘리는 것이 아니라, 영상을 더 화려하게 편집하느라 기도의 자리를 빼앗기는 '역전 현상'이 벌어진다면, 이 책은 도리어 한국 교회의 영성을 해치는 불쏘시개가 되고 말 것입니다.

다 잘할 필요 없습니다. 목사님의 '부르심'에만 집중하십시오. 목회는 모든 것을 다 잘하는 종합 예술 대회가 아닙니다. 하나님은 우리 각자에게 서로 다른 달란트와 사명을 주셨습니다.

누군가에게는 텅 빈 주일학교를 다시 일으켜 세우는 '어린이 사역'으로의 부르심이 있을 것입니다. 그렇다면 그 목사님은 다른 화려한 기술은 다 내려놓고, AI를 오직 아이들을 위한 재미있는 퀴즈를 만들고 성경 동화를 만드는 데에만 집중해서 사용하십시오.

누군가에게는 우리 동네에 들어온 외국인 근로자들을 품는 '이주민 사역'으로의 부르심이 있을 것입니다. 그렇다면 그 목사님은 영상 편집 같은 것은 과감히 포기하셔도 좋습니다. 오직 구글 라이브와 AI 번역기를 통해 그들의 언어로 복음을 전하고 위로하는 일에만 이 기술을 사용하십시오.

목회자들이 각자에게 주어진 처소에서, 하나님이 내게 주신 바로 그 사역의 문제를 해결하는 '핀셋 도구'로만 AI를 사용하셨으면 좋겠습니다. 남들이 한다고 해서 내 부르심과 맞지 않는 기능들까지 억지로 흉내 내며 에너지를 고갈시키지 마십시오.

기술의 화려함 너머, 다시 십자가로

세상의 스타트업은 '기술의 고도화'를 통해 유니콘 기업이 되기를 꿈꿉니다. 하지만 교회는 다릅니다. 교회는 기술이 고도화될수록, 오히려 가장 원초적이고 본질적인 '십자가의 좁은 길'로 돌아가야 합니다.

화려한 이미지를 생성하는 기술에 매료되지 마십시오. 영상을 1분 더 화려하게 편집할 시간에 컴퓨터 전원을 끄고, 지금 삶의 무게에 짓눌려 울고 있는 성도에게 전화를 걸어 주십시오. AI가 뽑아 준 세련된 기도문에 감탄할 시간에, 차가운 강단 바닥에 무릎을 꿇고 눈물로 성도들의 이름을 불러 주십시오. 기술은 우리의 손과 발을 돕는 도구일 뿐, 결코 우리의 심장을 대신할 수 없습니다.

부디 이 책 《좋은 목사가 되기 위해 AI를 배웁니다》가 목회자들을 복잡한 기술의 노예로 만드는 것이 아니라, 사역의 무거운 짐을 가볍게 털어 내고 오직 '영혼을 살리는 목회의 본질'에만 온전히 집중하게 만드는 거룩한 징검다리가 되기를 간절히, 또 간절히 기도합니다.

모든 것을 다 잘하려 하지 마십시오.

목사님은 이미, 하나님이 피 값으로 사신 양 떼를 사랑하는 것 하나만으로도 충분히 위대하고 아름다운 주의 종입니다.

목사님의 텅 빈 서재에서 피어날,

작지만 가장 강력한 생명의 사역을 응원하며

이석진 올림

노트북LM, 목회에 1000% 활용하기

최고의 기술은 때로 대가 없이 우리에게 다가온다.
한 달에 수만 원의 구독료가 부담되어 AI 도입을 망설였던 목회자들에게,
구글의 노트북LM은 재정적 장벽 없이
완벽한 '나만의 신학 비서'를 고용할 수 있는 디지털 은혜의 통로다.

목사님, 우리가 앞서 다루었던 GPT 플러스나 클로드 프로 같은 유료 AI 도구들은 분명 훌륭하지만, 매월 2-3만 원의 구독료가 누적되면 결코 적은 금액이 아닙니다. "교회 예산으로 쓰기엔 눈치가 보이고, 사비로 쓰기엔 부담스럽다"며 한숨 쉬는 분들을 현장에서 자주 만납니다.

하지만 기뻐하십시오. 현재 구글이 제공하는 가장 혁신적인 맞춤형 AI인 노트북LM은 이 모든 강력한 기능들을 '무료'로 개방하고 있습니다.

노트북LM은 인터넷을 떠도는 출처 불명의 데이터를 긁어모아 대답하는 범용 AI가 아닙니다. 목사님이 직접 엄선하여 업로드한 파일(과거 설교문, 신뢰하는 주석서 PDF, 교단 헌법, 회의록 등 최대 50개)을 씹어 먹고, 오직 '그 자료 안에서만' 완벽한 결과물을

만들어 내는 '폐쇄형 지식 베이스'(Retrieval-Augmented Generation, RAG)입니다. 즉 이단 사상이나 잘못된 정보가 끼어들 틈이 없는 가장 '안전한 성역'인 셈입니다.

최근 업데이트를 통해 노트북LM은 단순히 글을 요약하는 것을 넘어, 목사님의 자료를 9가지의 전혀 다른 콘텐츠 형태로 순식간에 변환해 주는 마법을 선보이고 있습니다. 이 9가지 기능이 목회 현장에서 어떻게 사역의 무기로 쓰일 수 있는지 낱낱이 파헤쳐 보겠습니다.

1. AI 오디오 오버뷰: 운전하는 목회자를 위한 '나만의 팟캐스트'

가장 충격적이고 혁신적인 기능입니다. 업로드한 텍스트 문서를, 두 명의 AI 진행자(남/여)가 마치 라디오 방송이나 팟캐스트처럼 자연스럽게 대화를 나누며 요약해서 들려줍니다.

목회적 활용 방안

· 이동 시간의 성소화: 목회자의 일주일은 심방과 노회 참석 등 운전대 앞에서 버려지는 시간이 많습니다. 이때 읽어야 할 두꺼운 신학 논문 PDF나 다음 주 설교를 위해 모아 둔 주석 자료들을 노트북LM에 넣고 [오디오 오버뷰] 버튼을 누르십시오.

· 5분 만에 그 방대한 자료가 "자, 오늘 살펴볼 주제는 사도 바울의 칭의론인데요, 여기서 흥미로운 점은…" 하며

전문 방송인처럼 해설해 주는 MP3 파일로 변환됩니다. 목사님은 운전하며 이를 듣기만 하면 됩니다. 텍스트를 눈으로 읽을 시간이 부족한 목회자에게, 이동 시간을 '귀로 듣는 신학교'로 만들어 주는 기적의 기능입니다.

2. 슬라이드 자료: 5분 만에 끝내는 수요예배 PPT 기획

텍스트로 된 원고를 파워포인트(PPT) 슬라이드 형태로 분할하려면, 어디서 자르고 어떤 핵심 키워드를 넣을지 고민하느라 엄청난 시간이 소모됩니다.

목회적 활용 방안

· 주일 낮에 선포한 긴 설교 원고를 수요예배나 구역장 모임 때 다시 가르쳐야 할 때 유용합니다. 원고를 업로드하고 [슬라이드 자료]를 선택하면, AI가 원고의 논리적 흐름을 파악하여 "슬라이드 1: 제목 및 도입, 슬라이드 2: 핵심대지 1, 슬라이드 3: 적용점…" 식으로 완벽한 PPT 기획안(텍스트 뼈대)을 짜 줍니다.

· 목사님은 이 뼈대를 그대로 복사해서 캔바나 미리캔버스에 붙여 넣기만 하면, 3시간 걸리던 PPT 작업이 단 5분 만에 끝납니다.

3. 동영상 개요: 유튜브 숏츠와 미디어 사역의 대본가

최근 교회마다 유튜브 숏츠나 3분 묵상 영상을 만드는 곳이 많습니다. 하지만 설교를 영상용 대본으로 맛깔나게 바꾸는 것은 다른 차원의 기획력을 필요로 합니다.

목회적 활용 방안

- 목사님의 칼럼이나 주일 설교 중 감동적인 예화 부분을 노트북LM에 넣고 [동영상 개요]를 추출하십시오.
- AI는 단순히 글을 줄여 주는 것이 아니라, [영상 0:00-0:15-도입부 시선 끌기], [0:15-0:45-본론 전개], [0:45-1:00-결론 및 시청자 질문 유도]와 같이 실제 유튜브 편집자가 작성한 것 같은 완벽한 컷 분할 대본을 짜 줍니다. 미디어 사역을 담당하는 부교역자나 청년들에게 이 개요를 넘겨주기만 하면 영상 제작의 속도가 10배는 빨라집니다.

4. 마인드맵: 복잡한 교리와 연간 목회 기획의 시각화

텍스트가 길어지면 전체적인 숲을 보지 못하고 나무만 보게 됩니다. 마인드맵 기능은 흩어진 정보들의 '관계'를 시각적으로 엮어 주는 기능입니다.

목회적 활용 방안

- 시리즈 설교 기획: 예를 들어 로마서 강해를 10주간 진행하기 위해 여러 주석과 아이디어를 메모해 두었다면, 이를 모두 업로드하십시오. AI가 로마서의 방대한 텍스트를 '죄-칭의-성화-영화'라는 큰 줄기로 뻗어 나가는 마인드맵 구조로 정리해 줍니다.
- 성도들에게 새로운 교리(예: 언약 신학, 칼빈의 5대 강령)를 가르칠 때, 줄글로 된 교재 대신 AI가 뽑아 준 이 마인드맵 구조를 나눠 주면 성도들의 이해도가 폭발적으로 상승합니다.

5. 보고서: 총회 회의록과 심방 데이터의 정밀 요약

교회 행정에서는 엄청난 양의 텍스트가 발생합니다. 당회 회의록, 노회/총회 보고서, 부교역자들의 주간 사역 보고서 등을 일일이 읽고 핵심을 파악하는 것은 고역입니다.

목회적 활용 방안

- 수십 페이지에 달하는 교단 총회 결과 보고서나 지난 1년간의 교구 심방 일지를 통째로 넣고 [보고서] 기능을 누르십시오.
- AI는 마치 대기업의 유능한 기획실장처럼 "요약, 핵심 쟁점, 향후 과제, 목회적 대응 방안" 등으로 목차를 나누어

단 2장짜리 깔끔한 임원 보고서로 압축해 줍니다. 행정
에 낭비되는 에너지를 완벽하게 차단합니다.

6. 플래시카드: 새가족반과 제자 훈련의 암기 도우미

플래시카드는 앞면에는 질문이나 단어, 뒷면에는 정답이나
해설이 적힌 학습 도구입니다.

목회적 활용 방안

- 세례 문답 및 새가족반 교육: "웨스트민스터 소요리문답"
  이나 교회의 새가족반 교재를 업로드하십시오. AI가 즉
  시 핵심 교리와 성경 구절을 뽑아 "Q: 인간의 제일 되는
  목적은? / A: 하나님을 영화롭게 하는 것"과 같은 형태의
  수십 개의 플래시카드 텍스트 세트를 만들어 냅니다.
- 이를 퀴즈렛(Quizlet) 같은 앱에 복사해 넣거나 종이 카드
  로 인쇄하여 새 가족이나 주일학교 아이들에게 나누어
  주면, 지루한 교리 공부가 즐거운 게임처럼 변합니다.

7. 퀴즈: 주일학교와 청년부를 위한 '1초 성경 골든벨'

주일학교 공과 시간이나 청년부 수련회 때 가장 호응이 좋
은 프로그램은 단연 '퀴즈'입니다. 하지만 난이도를 조절하며
문제를 내는 것은 꽤 수고로운 일입니다.

목회적 활용 방안

- 다음 주 설교 원고나 읽기 자료(예: 마가복음 1-5장 본문)를 넣고 [퀴즈] 기능을 선택하십시오.
- AI가 본문의 내용을 바탕으로 객관식, 주관식, O/X 퀴즈를 순식간에 10-20문제 출제해 줍니다. 오답에 대한 명확한 해설까지 덧붙여 주므로, 주일학교 교사들은 토요일 밤에 문제를 내느라 머리를 쥐어뜯지 않고도 최고 수준의 공과 액티비티를 준비할 수 있습니다.

8. 인포그래픽: 주보를 풍성하게 만드는 시각적 요약(설계도)

성도들은 빼곡한 텍스트보다 한눈에 들어오는 도표나 그림을 선호합니다. 노트북LM의 인포그래픽 기능은 시각화를 위한 완벽한 '설계도'를 짜 줍니다.

목회적 활용 방안

- 예를 들어 '성막의 구조'나 '요한계시록의 7인, 7나팔, 7대접의 순서'에 대한 설교 자료를 업로드합니다.
- AI는 "1단락에는 번제단 아이콘과 설명, 2단락에는 물두멍…" 식으로 인포그래픽을 어떻게 구성해야 가장 직관적인지 '시각적 레이아웃 지시서'를 만들어 줍니다. 이 지시서대로 미리캔버스나 캔바에서 요소들을 끌어다 놓기만 하면, 성도들이 주보에 끼워 넣고 평생 간직하고 싶어

하는 훌륭한 교육 자료가 탄생합니다.

9. 데이터 표: 성경 대조와 교적 데이터의 구조화

산발적인 텍스트를 정돈된 표(Table)로 만드는 것은 논리적 분석의 기본입니다.

목회적 활용 방안

- 공관복음 대조 연구: 예수님의 부활 사건을 다룬 마태복음, 마가복음, 누가복음, 요한복음의 본문 텍스트를 한꺼번에 업로드하고 "4복음서의 차이점과 공통점을 표로 정리해 줘"라고 명령하십시오. AI가 각 복음서별 기록의 특징을 일목요연한 엑셀 형태의 표로 그려 줍니다.
- 교회 역사 정리: 50년 된 교회의 산발적인 연혁 문서들을 올리면, 연도별 주요 사건과 부임한 목회자, 건축 역사를 깔끔한 타임라인 표로 정리해 주어 기념 주일 자료로 즉시 활용할 수 있습니다.

비용은 0원, 가치는 무한대

목사님, 세상의 수많은 스타트업 기업들이 매월 수백, 수천만 원을 들여 자사만의 '폐쇄형 AI 데이터베이스'(RAG)를 구축하려고 혈안이 되어 있습니다. 회사의 보안 문서를 안전하게 지키면서도 AI의 능력을 활용하기 위해서입니다.

그런데 구글은 이 엄청난 기술력의 결정체인 노트북LM을 현재 모든 사용자에게 '무료'로 제공하고 있습니다. 재정이 열악하여 AI 유료 구독을 주저하던 수많은 개척 교회와 농어촌 교회 목회자들에게, 이것은 그야말로 디지털 시대의 '만나와 메추라기'입니다.

비용에 대한 부담을 완전히 내려놓으십시오. 오늘 당장 구글 계정으로 로그인하여 노트북LM을 열고, 목사님이 가장 아끼는 설교문 몇 편과 신학 자료들을 업로드해 보십시오.

목사님의 사역 현장에 돈 한 푼 받지 않고 24시간 대기하며 오디오를 녹음하고, PPT를 기획하며, 퀴즈를 내주는 수십 명으로 구성된 전문 사역팀이 입주하는 기적을 오늘 바로 경험하시게 될 것입니다. 기술은 언제나 도구에 불과하지만, 이 무료 도구가 목사님의 사역 시간을 얼마나 구원해 줄지는 상상 그 이상입니다.

막막한 초보자를 위한 실전 AI 도구 총정리

텍스트 & 아이디어 생성(설교 보조, 행정, 목양 서신)

1. GPT(ChatGPT)

· 접속 주소: chatgpt.com

· 핵심 용도: 설교 아이디어 브레인스토밍, 행사 기획안 작성, 주보 인사말 초안 작성

· 간단 사용법: 프롬프트 입력창에 "나는 30대 청년들을 담당하는 목회자야. 다음 주에 '위로'를 주제로 설교할 건데, 청년들이 공감할 만한 일상적인 도입부 예화 3가지만 추천해 줘"라고 대화하듯 입력합니다.

· 비용: 기본 무료. (더 똑똑한 최신 모델을 무제한으로 쓰려면 월 $20, 약 2만 7천 원의 플러스 요금제가 필요하지만, 초보자는 무료 버전으로도 충분합니다.)

2. 클로드(Claude)

· 접속 주소: claude.ai

· 핵심 용도: 따뜻한 심방 문자 작성, 긴 설교 원고의 매끄

러운 윤문(다듬기), 문학적이고 감성적인 글쓰기

· 간단 사용법: GPT와 사용법은 동일합니다. 단, 클로드
가 한국어를 훨씬 더 자연스럽고 사람처럼 씁니다. "수술
을 앞둔 50대 집사님께 보낼 위로와 격려의 심방 문자를
300자 내외로 다정하게 써 줘"라고 명령해 보십시오.

· 비용: 기본 무료. (사용량 제한이 있으며, 무제한 사용을 위한
프로 요금제는 월 $20입니다.)

3. 제미나이(Gemini)

· 접속 주소: gemini.google.com

· 핵심 용도: 구글 생태계(구글 문서, 지메일 등)와의 완벽한
연동, 유튜브 영상 요약 및 빠른 최신 정보 검색

· 간단 사용법: 평소 쓰는 구글 계정으로 로그인하여 대화
하듯 사용합니다. 특히 유튜브 설교 영상 링크를 붙여 넣
고 "이 영상의 핵심 메시지를 3줄로 요약해 줘"라고 명령
하거나, "중고등부 겨울 수련회 기획안 초안을 짜고, 그
결과를 바로 구글 문서(Google Docs)로 내보내 줘"라고 하
면 행정 업무 시간을 비약적으로 단축할 수 있습니다.

· 비용: 기본 무료. (가장 지능이 높은 최신 모델인 제미나이 어
드밴스드[Gemini Advanced]를 사용하려면 월 29,000원의 유
료 구독이 필요하지만, 일반적인 행정이나 아이디어 검색은 무
료 버전으로도 차고 넘칩니다.)

4. 퍼플렉시티(Perplexity)

- 접속 주소: perplexity.ai
- 핵심 용도: 설교 예화 팩트 체크, 역사적 사실 검색, 출처가 명확한 정보 탐색
- 간단 사용법: AI 기반의 '검색 엔진'입니다. "한국 기독교 역사에서 언더우드 선교사가 처음 세운 교회와 그 연도를 알려 주고, 관련 논문이나 기사 출처를 달아 줘"라고 질문하면, 주석 번호와 함께 정확한 출처를 찾아 줍니다.
- 비용: 기본 무료. (더 깊이 있는 연구를 위한 프로 요금제는 월 $20입니다.)

5. 노트북LM(NotebookLM)

- 접속 주소: notebooklm.google.com
- 핵심 용도: 나만의 신학 비서, 방대한 주석/설교문/회의록 요약 및 팟캐스트(오디오) 변환
- 간단 사용법: 구글 계정으로 로그인 후 [새 노트북]을 만듭니다. 목사님이 가진 PDF 파일(주석, 교단 헌법, 과거 설교문 등)을 업로드한 뒤, "이 문서들 안에서 '회개'와 관련된 내용만 표로 정리해 줘"라고 명령합니다.
- 비용: 완전 무료. (구글에서 현재 전면 무료로 개방하고 있는

277

최고의 혜자 도구입니다.)

시각 자료 및 디자인(주보, 포스터, 카드 뉴스)

6. 젠스파크(Genspark)

· 접속 주소: genspark.ai

· 핵심 용도: 프롬프트 한 줄로 끝내는 프레젠테이션(PPT) 및 시각적 교육/발표 자료 자동 생성

· 간단 사용법: 검색 및 프롬프트 입력창에 "중고등부 겨울 수련회 오리엔테이션 발표 자료를 만들어 줘. 주제는 '새로운 시작'이고, 대상은 10대 청소년이야"라고 입력해 보십시오. AI가 스스로 목차를 짜고, 내용에 맞는 이미지와 텍스트를 배치하여 완성된 형태의 프레젠테이션을 단 5분 만에 뚝딱 만들어 줍니다. 이 자료를 그대로 화면에 띄워 발표하거나 내용을 복사해 사용할 수 있습니다.

· 비용: 완전 무료. (하루에 제작할 수 있는 횟수 제한이 있지만, 무료로도 충분합니다.)

7. 캔바(Canva)

· 접속 주소: canva.com

· 핵심 용도: 포토샵을 대체하는 만능 디자인 툴(주보, PPT,

포스터, 현수막 등)

· 간단 사용법: 검색창에 '교회 주보'나 '기독교 포스터'를 검색하면 수백 개의 템플릿이 나옵니다. 마음에 드는 것을 골라 텍스트만 우리 교회 이름으로 수정하고 다운로드하면 끝납니다. (코파일럿에서 뽑은 그림을 배경으로 넣을 수도 있습니다.)

· 비용: 기본 무료. (무료 템플릿만으로도 훌륭합니다. 비영리 단체 인증을 받으면 'Canva for Nonprofits' 프로그램을 통해 프리미엄 버전을 무료로 쓸 수도 있으니 꼭 신청해 보십시오.)

영상 및 자막 편집(유튜브 쇼츠, 설교 영상)

8. 브루(Vrew)

· 접속 주소: vrew.ai

· 핵심 용도: 자동 자막 생성, 한글 문서를 편집하듯 영상을 자르고 붙이는 텍스트 기반 컷 편집

· 간단 사용법: 프로그램을 PC에 설치하고, 주일 설교 영상을 불러옵니다. AI가 자동으로 전체 자막을 만들어 주면, 화면 우측의 텍스트 창에서 "어…", "그러니까" 같은 불필요한 글씨를 백스페이스로 지웁니다. 글씨를 지우면 영상도 알아서 잘려 나갑니다.

· 비용: 기본 무료. (매월 120분의 음성 인식과 AI 보이스를 무료로 제공합니다. 목회 현장에서는 월 1만 원대 베이직 요금제면 충분합니다.)

9. 캡컷(CapCut)

· 접속 주소: 스마트폰 앱스토어 검색 또는 capcut.com
· 핵심 용도: 스마트폰 하나로 끝내는 숏폼(숏츠, 릴스) 영상 편집 및 화려한 자막 효과
· 간단 사용법: 스마트폰으로 찍은 영상을 앱으로 불러온 뒤, [자동 캡션] 버튼을 누르면 자막이 알아서 달립니다. 유튜브 숏츠에 어울리도록 영상 비율을 세로(9:16)로 바꾸고 음악을 깔아 준 뒤 [내보내기]를 누릅니다.
· 비용: 기본 무료. (다양한 무료 효과만으로도 훌륭한 숏츠를 만들 수 있습니다. 프로 버전은 월 1만 원 내외입니다.)